Tractatus logico-philosophicus

Dados Internacionais de Catalogação na Publicação (CIP)
(Câmara Brasileira do Livro, SP, Brasil)

Wittgenstein, Ludwig, 1889-1951
  Tractatus logico-philosophicus / Ludwig Wittgenstein; tradução e notas de Gabriel Almeida Assumpção. – Petrópolis, RJ : Vozes, 2025. – (Coleção Vozes de Bolso)

  Título original: Logisch-philosophische Abhandlung

  ISBN 978-85-326-7155-4

  1. Filosofia 2. Linguagem – Filosofia 3. Lógica 4. Wittgenstein, Ludwig, 1889-1951. Tractatus logico-philosophicus I. Assumpção, Gabriel Almeida. II. Título. III. Série.

25-258306   CDD-160

Índices para catálogo sistemático:
1. Lógica : Filosofia 160
Eliane de Freitas Leite – Bibliotecária – CRB-8/8415

Ludwig Wittgenstein

Tractatus
logico-philosophicus

Tradução e notas de Gabriel Almeida Assumpção

Vozes de Bolso

Tradução do original em alemão intitulado
Logisch-philosophische Abhandlung.

© desta tradução:
2025, Editora Vozes Ltda.
Rua Frei Luís, 100
25689-900 Petrópolis, RJ
www.vozes.com.br
Brasil

Todos os direitos reservados. Nenhuma parte desta obra poderá ser reproduzida ou transmitida por qualquer forma e/ou quaisquer meios (eletrônico ou mecânico, incluindo fotocópia e gravação) ou arquivada em qualquer sistema ou banco de dados sem permissão escrita da editora.

CONSELHO EDITORIAL	**PRODUÇÃO EDITORIAL**
	Anna Catharina Miranda
Diretor	Eric Parrot
Volney J. Berkenbrock	Jailson Scota
	Marcelo Telles
Editores	Mirela de Oliveira
Aline dos Santos Carneiro	Natália França
Edrian Josué Pasini	Priscilla A.F. Alves
Marilac Loraine Oleniki	Rafael de Oliveira
Welder Lancieri Marchini	Samuel Rezende
	Verônica M. Guedes
Conselheiros	
Elói Dionísio Piva	
Francisco Morás	
Teobaldo Heidemann	
Thiago Alexandre Hayakawa	

Secretário executivo
Leonardo A.R.T. dos Santos

Editoração: Anoar Jarbas Provenzi
Diagramação: Editora Vozes
Revisão gráfica: Michele Guedes Schmid
Capa: Editora Vozes

ISBN 978-85-326-7155-4

Este livro foi composto e impresso pela Editora Vozes Ltda.

Dedicado à memória de meu
amigo David H. Pinsent[1]

---

1. David Hume Pinsent (1891-1918), colega e amigo de Wittgenstein
que faleceu em um acidente de avião [N.T.].

Lema: e tudo o que se
sabe, que não simplesmente
se ouviu rumorejar e marulhar,
pode-se dizer com três palavras[2].

Kürnberger[3]

---

2. Em alemão, no original: *Motto: und alles, was man weiss, nicht bloss rauschen und brausen gehört hat*, läst sich in drei Worten *sagen* [N.T.].

3. Ferdinand Kürnberger (1821-1879), um escritor austríaco. Segundo Janik e Toulmin (1973, p. 27), é um escritor tipicamente vienense, assim como Johann Nestroy (1801-1862), que Wittgenstein cita na epígrafe das *Investigações filosóficas*. A pouca familiaridade do pensador com clássicos filosóficos era diametralmente oposta ao seu conhecimento de intelectuais importantes do panorama cultural austríaco e alemão [N.T.].

Sumário

Prólogo, 11

Tratado lógico-filosófico, 15

Referências, 133

Prólogo

Este livro[4] talvez só será compreendido por quem já pensou, ele próprio, nos pensamentos que estão nele expressos – ou, ainda, pensamentos semelhantes. Logo, não é um livro didático. Seu fim seria alcançado se ocasionasse prazer a alguém que o lesse na posse de compreensão.

O livro lida com os problemas filosóficos e indica – como acredito – que a colocação desses problemas se baseia no entendimento equivocado da lógica de nossa linguagem. Poder-se-ia condensar todo o sentido do livro, por exemplo, com as palavras: que se diga aquilo que, em geral, se pode dizer; e, a respeito daquilo sobre o que não se pode falar, deve-se calar.

O livro também quer estabelecer um limite ao pensamento ou, antes, não ao pensamento, mas à expressão dos pensamentos, afinal, para se firmar um limite ao pensamento, devemos pensar os dois lados desse limite (portanto, deveríamos poder pensar o que não somos capazes de pensar).

---

4. O título original do livro é *Tratado lógico-filosófico*, em alemão: *Logisch-Philosophische Abhandlung*. O nome *Tractatus Logico-Philosophicus*, com que o livro ficou famoso, foi sugestão de George Edward Moore (1873-1958), importante filósofo britânico e amigo de Wittgenstein, para a tradução em língua inglesa de 1922 por Ogden. A ideia desse título era manter o sentido do original, porém fazendo referência ao *Tractatus Theologico-Politicus* (1670), do filósofo holandês de origem portuguesa Baruch Spinoza (1632-1677) (cf. Grayling, 1996, p. 8) [N.T.].

Os limites, portanto, só poderão ser indicados na linguagem, e o que está além dos limites será simplesmente desarrazoamento[5].

Não quero julgar em que medida meus esforços coincidem com os de outros filósofos. Aquilo sobre o que escrevi aqui não faz reivindicação alguma de novidade no pormenor; e, por esse motivo, também não forneço fonte alguma, pois me é indiferente se aquilo que pensei já foi pensado por outro antes de mim.

Apenas quero mencionar que meus pensamentos devem uma enorme parcela de motivação às excelentes obras de Frege e aos trabalhos de meu amigo Sr. Bertrand Russell.

Se este trabalho possui algum valor, então ele consiste em duas coisas. Em primeiro lugar, no fato de que nele estão expressos pensamentos, e o valor desses será tanto maior quanto melhor os pensamentos estiverem expressos, quanto mais eu acertar em cheio[6]. Aqui, estou consciente de estar muito abaixo do esperado possível. Simplesmente pelo fato de que meu poder de cumprimento da tarefa é muito pequeno. Que possam surgir outros e que façam melhor.

De outro lado, a *verdade*[7] dos pensamentos aqui comunicados me parece incontestável

---

5. No original, em alemão, *Unsinn*. Outras traduções possíveis seriam "asneira", "tolice", "desatino", "barbaridade", "absurdo" [N.T.].

6. Expressão alemã, no original: *Je mehr den Nagel auf den Kopf getroffen ist* ["Quanto mais o prego é acertado na cabeça"]. Outra tradução possível, porém, menos utilizada atualmente, é "acertar na mosca" [N.T.].

7. Grifo de Wittgenstein. Todos os grifos do autor do texto original estão em itálico nesta tradução, assim como nomes de obras e termos estrangeiros [N.T.].

e definitiva. Também sou da opinião de que os problemas, em seu essencial, foram finalmente resolvidos. E então, se nisso não me engano, em segundo lugar, o valor deste trabalho consiste no fato de que ele mostra quão pouco foi feito com o fato de que esses problemas estão resolvidos.

L.W.

Viena, 1918.

Tratado lógico-filosófico

1[8]   O mundo é tudo o que é o caso.

1.1   O mundo é a totalidade dos fatos, não das coisas.

1.11   O mundo é determinado pelos fatos e de modo que estes são todos os fatos.

1.12   Pois a totalidade dos fatos determina o que é o caso e, também, o que não é o caso.

1.13   Os fatos no espaço lógico são o mundo.

1.1   O mundo se decompõe em fatos.

1.21   Algo pode ser o caso ou não ser o caso, e todo o restante permanece igual.

2   O que é o caso, o fato, é o permanecer de estados de coisas[9].

---

8. Os números decimais como numerais das proposições individuais significam o peso lógico da proposição, a ênfase colocada nelas em minha apresentação. As proposições n. 1, n. 2, n. 3 etc. são observações sobre a proposição núm. n; as proposições n.m1, n.m2 etc. [são] observações às proposições núm. n.m, e assim por diante [N.A.]

9. No original alemão, *Sachverhalten*. [N.A.]

2.01	O estado de coisas é uma ligação entre objetos[10] (assuntos[11], coisas[12]).
2.011	É essencial à coisa poder ser o componente de um estado de coisas.
2.012	Na lógica, nada é contingente: se a coisa *pode* ocorrer no estado de coisas, então a possibilidade do estado de coisas já deve estar pré-ajuizada[13] na coisa.
2.0121	Por assim dizer, pareceria acaso se uma situação[14] fosse, posteriormente, combinada com a coisa, que poderia existir por si só.

Se as coisas podem ocorrer em estados de coisas, então isso já deve estar posto nelas.

(Algo lógico não pode ser apenas-possível[15]. A lógica lida com toda possibilidade, e todas as possibilidades são seus fatos.)

---

10. No original alemão, *Gegenständen*, e não a forma latinizada *Objekte*. Wittgenstein usará com mais frequência o termo *Gegenstand*, tanto no singular quanto no plural (tal como neste parágrafo) [N.T.].

11. No original alemão, *Sachen*. O termo é o plural de *Sache*, que significa "coisa", mas também "assunto", "questão", "caso", dando a entender algo mais abstrato e relacional que *Ding*, usado logo em seguida [N.T.].

12. No original alemão, *Dinge*. O termo é o plural de *Ding*, termo que pode ser traduzido por "coisa", mas também "negócio", "objeto". No português informal, temos a gíria "trem" usada em Minas Gerais, Brasil, ou a gíria "troço". As ideias que o termo sugere são tanto de materialidade quanto de indeterminação [N.T.].

13. No original alemão, *präjudiziert*. Santos traduz por "prejulgada" em WITTGENSTEIN, 2022, p. 129. [N.T.].

14. No original alemão, *Sachlage*. Outra tradução possível seria "circunstância" [N.T.].

15. No original alemão, com hífen: *nur-möglich* [N.T.].

Assim como não podemos pensar objetos espaciais em geral fora do espaço, tampouco podemos pensar [objetos][16] temporais fora do tempo, então não poderíamos conceber objeto *algum* fora da possibilidade de sua conexão com outros.

Se posso conceber o objeto no conjunto do estado de coisas, então não posso pensá-lo fora da *possibilidade* desse conjunto.

2.0122 A coisa é independente, na medida em que ela pode ocorrer em todas as situações possíveis, mas essa forma de independência é uma forma de conexão com o estado de coisas, uma forma de não independência.

(É impossível que as palavras ocorram de dois modos diferentes, sozinhas e na proposição.)

2.0123 Se conheço o objeto, então também conheço possibilidades gerais de sua ocorrência em estados de coisas.

(Tal possibilidade deve residir na natureza do objeto.)

Posteriormente, uma nova possibilidade não pode ser encontrada.

---

16. Os colchetes foram usados (a) para indicar as notas do tradutor ou (b) para indicar intervenções do tradutor a fim de deixar as proposições mais claras, quando necessário, e foram evitados ao máximo possível. Há exceções: por exemplo, em 5.101 e em 5.2522, em que os colchetes são do próprio Wittgenstein. Sempre que isso ocorrer, será informado em nota de rodapé [N.T.].

2.01231 Para conhecer um conceito, de fato, não posso conhecer suas propriedades externas, mas devo conhecer todas as suas propriedades[17] internas.

2.0124 Se todos os objetos são dados, então, com isso, também todos os estados de coisas *possíveis* são dados.

2.013 Toda coisa está, por assim dizer, em um espaço de possíveis estados de coisas. Posso conceber esse espaço vazio, mas não a coisa sem o espaço.

2.0131 O objeto espacial deve se situar no espaço infinito. (O ponto espacial é um lugar de argumento[18].)

A mancha em um campo de visão, de fato, não precisa ser vermelha, mas ela deve possuir *uma* cor; ela possui, por assim dizer, o espaço cromático[19] a seu redor. Um tom deve ter *uma* altura; o objeto do tato, *uma* rigidez; e assim por diante.

2.014 Os objetos contêm a possibilidade de todas as situações.

2.0141 A possibilidade de sua ocorrência em estados de coisas é a forma do objeto.

2.02 O objeto é simples.

---

17. No original alemão, *Eigenschaften*. O termo também pode significar "qualidades", "características", "atributos" etc. [N.T.].

18. No original alemão, *Argumentstelle* [N.T.].

19. No original alemão, *Farbenraum* [N.T.].

2.0201 Cada enunciado sobre complexos pode ser desagregado em um enunciado sobre os componentes desses e desagregado naquelas proposições que descrevem inteiramente o complexo.

2.0211 Os objetos formam a substância do mundo. É por isso que eles não podem ser compostos.

20211 Se o mundo não possuísse substância alguma, então o fato de uma proposição ter sentido dependeria de outra proposição ser verdadeira.

2.0212 Então seria impossível projetar uma imagem[20] do mundo (verdadeira ou falsa).

2.022 É evidente que outro mundo pensado, ainda que tão diferente do mundo efetivo, deve ter algo – uma forma – em comum com o [mundo] real.

2.023 Essa forma fixa consiste precisamente nos objetos.

2.2031 A substância do mundo só *pode* determinar uma forma e nenhuma das propriedades materiais, pois essas só são apresentadas mediante a proposição – apenas formadas pela configuração dos objetos.

2.0232 Dito incidentalmente: os objetos são sem cor.

---

20. No original alemão, *Bild*. O termo também é traduzido por "figura", "foto", "metáfora", "pintura", "cena", "ilustração", entre outras possibilidades. Ogden traduz por *picture*, "figura"; enquanto Sousa traduz por "figuração" em WITTGENSTEIN, 2022, p. 133. Sobre a importância de termos como "imagem", "representação" e "símbolo" em Viena (cf. Janik; Toulmin, 1973, p. 30-31, 160-166) [N.T.].

2.0233 Dois objetos de forma lógica idêntica são – com exceção de suas propriedades externas – diferenciados um do outro apenas pelo fato de que eles são diferentes.

2.02331 Ou uma coisa possui propriedades que nenhuma outra possui – então, sem mais, pode-se destacá-la das outras por meio de uma descrição e, em seguida, referir-se a ela –; ou, em contrapartida, há várias coisas que possuem todas as suas propriedades em comum e, então, é em geral impossível apontar para qualquer uma delas.

Afinal, se a coisa não é destacada por nada, então não consigo destacá-la, pois, caso contrário, ela é precisamente destacada.

2.024 A substância é aquilo que perdura independentemente do que é o caso.

2.025 Ela é forma e conteúdo.

2.0251 Espaço, tempo e cor (cromacidade[21]) são formas dos objetos.

2.026 Apenas se houver objetos pode haver uma forma firme do mundo.

2.027 O firme, o existente e o objeto são um.

2.0271 O objeto é o firme, o existente; a configuração é o alternante, o impermanente.

2.0272 A configuração dos objetos forma o estado de coisas.

---

21. No original alemão, *Färbigkeit* [N.T.].

2.03 No estado de coisas, os objetos se penduram uns nos outros, como os membros de uma corrente.

2.031 No estado de coisas, os objetos se relacionam uns com os outros de maneira[22] determinada.

2.032 A maneira como os objetos se associam no estado de coisas é a estrutura do estado de coisas.

2.033 A forma é possibilidade da estrutura.

2.034 A estrutura do fato consiste nas estruturas dos estados de coisas.

2.04 A totalidade dos estados de coisas existentes é o mundo.

2.05 A totalidade de estados de coisas existentes também determina quais estados de coisas não existem.

2.06 O existir e o não existir de estados de coisas são a realidade.

(Também chamamos o existir de estados de coisas de um fato positivo; o não existir, de um fato negativo.)

2.061 Os estados de coisas são independentes uns dos outros.

2.062 A partir do existir ou do não existir de um estado de coisas, não [se] pode inferir o existir ou o não existir de outro.

2.063 A realidade total é o mundo.

2.1 Fazemos imagens dos fatos para nós mesmos.

---

22. No original alemão, *Art und Weise* [N.T.].

2.11	A imagem representa a situação no espaço lógico, o existir e o não existir de estados de coisas.
2.12	A imagem é um modelo da realidade.
2.13	Os elementos da imagem correspondem, na imagem, aos objetos.
2.131	Os elementos da imagem representam, na imagem, os objetos.
2.4	A imagem consiste no fato de que seus elementos se relacionam uns com os outros de determinada maneira.
2.141	A imagem é um fato.
2.15	O fato de que os elementos da imagem se relacionam uns com os outros de determinada maneira representa que as coisas[23] se relacionam assim umas com as outras.
	Essa conexão entre os elementos da figura se chama sua estrutura e sua possibilidade, sua forma de figuração[24].
2.151	A forma da figuração é a possibilidade de que as coisas se relacionem umas com as outras assim como os elementos da imagem.
2.1511	A imagem é conectada, *assim*, com a realidade; ela a alcança.
2.1512	É como uma escala injetada na realidade.

---

23. No original alemão, "*Sachen*". [N.T.]

24. No original alemão, *Abbildung*. O termo sugere "ilustração", "imagem", "cópia", "reprodução", e até "referência" (no âmbito da telecomunicação). Para não confundir com *Bild* ("imagem", "figura", "ilustração"), utilizamos "figuração" [N.T.].

2.15121 Apenas os pontos mais externos das marcas de escala *tocam* o objeto a se medir.

2.1513 Segundo essa concepção, portanto, também pertence à imagem, ainda, a relação figurativa[25].

2.1514 A relação figurativa consiste na correlação entre os elementos da imagem e da coisa.

2.1515 Essas correlações são, por assim dizer, as antenas[26] dos elementos imagéticos com os quais a imagem toca a realidade.

2.16 O fato deve ser uma imagem para ter algo em comum com o afigurado[27].

2.161 Na imagem e no afigurado, deve haver algo idêntico para que ela possa ser uma imagem em geral da outra.

2.17 O que a imagem deve ter em comum com a realidade para poder ser de sua maneira – certo ou errado – é sua forma de figuração.

2.171 A imagem pode afigurar toda realidade cuja forma ela possui. A imagem espacial [pode afigurar] tudo o que é espacial; a colorida, tudo o que é colorido etc.

2.172 Sua forma de figuração, todavia, não pode afigurar a imagem; ela a indica.

2.173 A imagem apresenta seu objeto de fora (seu ponto de vista é sua forma

---

25. No original alemão, *abbildende Beziehung* [N.T.].

26. No original alemão, *Fühler*. O termo também pode significar "tentáculos", "sensores", "palpos", "sondas" [N.T.].

27. No original alemão, *mit dem Abgebildeten* [N.T.].

de apresentação[28]), e é por isso que a imagem apresenta seu objeto corretamente ou falsamente.

2.174 A imagem, porém, não pode se por fora de sua forma de apresentação.

2.18 O que toda imagem – cuja forma deve sempre ter algo em comum com a realidade – deve ter para que possa poder afigurar em geral (verdadeira ou falsamente) é a forma lógica, isto é, a forma da realidade.

2.181 Se a forma da afiguração é a forma lógica, então a imagem se chama a imagem lógica.

2.182 Toda imagem é *também* uma [imagem] lógica (em contraste, por exemplo, nem toda imagem é uma [imagem] espacial).

2.19 A imagem lógica pode afigurar o mundo.

2.2 A imagem possui a forma lógica da figuração em comum com o afigurado.

2.201 A imagem afigura a realidade, na medida em que apresenta uma possibilidade de existir e de não existir de estados de coisas.

2.202 A imagem apresenta uma situação possível no espaço lógico.

2.203 A imagem contém a possibilidade das situações que ela apresenta.

---

28. No original alemão, *Darstellung*. O termo também pode ser traduzido por "afiguração", "representação", "demonstração". Porém, para não confundirmos com outros termos usados por Wittgenstein (por exemplo, *Vorstellung*, normalmente traduzido por "representação"), usaremos "apresentação" para o *Darstellung*. Todavia, o verbo *darstellen* poderá ser traduzido por "representar", dependendo do contexto, como em 4.001 abaixo [N.T.].

2.21	A imagem coincide com a realidade ou não coincide; é correta ou incorreta, verdadeira ou falsa.
2.22	A imagem apresenta o que ela apresenta, independentemente de sua verdade ou de sua falsidade, mediante a forma da afiguração.
2.221	O que a imagem apresenta é seu sentido.
2.222	Sua verdade ou falsidade consiste na coincidência ou não coincidência de seu sentido com a realidade.
2.223	Para conhecer se a imagem é verdadeira ou falsa, devemos compará-la com a realidade.
2.224	Apenas a partir da imagem não se reconhece se ela é verdadeira ou falsa.
2.225	Uma imagem verdadeira *a priori* não existe.
3	A imagem lógica dos fatos é o pensamento.
3.001	"Um estado de coisas é pensável" significa: podemos conceber uma imagem dele.
3.01	A totalidade dos pensamentos verdadeiros é uma imagem do mundo.
3.02	O pensamento contém a possibilidade das situações que ele pensa. O que é pensável, também é possível.
3.03	Não conseguimos pensar nada ilógico, pois, caso contrário, deveríamos pensar de maneira ilógica.
3.031	Dizia-se que Deus poderia criar tudo, desde que não fosse contrário às leis lógicas. Certamente, não poderíamos *falar* a respeito de como um mundo "ilógico" pareceria.

3.032   Apresentar com a linguagem algo "que contradiz a lógica" pode ser tão pouco realizado quanto apresentar, na geometria, uma figura que contradissesse as leis do espaço mediante suas coordenadas; ou indicar as coordenadas de um ponto que não existe.

3.0321   Bem poderíamos apresentar espacialmente um estado de coisas que contrariasse as leis da física, mas nenhum estado de coisas que contrariasse as leis da geometria.

3.04   Um pensamento correto *a priori* seria aquele cuja possibilidade condicionasse sua verdade.

3.05   Só poderíamos saber *a priori* que um pensamento é verdadeiro se, a partir do próprio pensamento (sem objeto de comparação), sua verdade fosse reconhecível.

3.1   Na expressão, o pensamento se exprime de maneira perceptível aos sentidos.

3.11   Utilizamos os signos[29] sensivelmente perceptíveis (signos de escrita ou audíveis etc.) da proposição como projeção das situações possíveis.

         O método de projeção é o pensar sobre o sentido da proposição.

3.12   Chamo o signo mediante o qual expressamos os pensamentos de o signo

---

29. No original alemão, *Zeichen*. O termo pode significar também "traço", "indício", "sinal", "símbolo", "marca", entre outros [N.T.].

proposicional[30]. E a proposição é o signo proposicional em sua relação projetiva com o mundo.

3.13 À proposição, pertence tudo o que pertence à projeção; mas não o projetado.

Logo, a possibilidade do projetado, mas não ele próprio.

Na proposição, portanto, seu sentido ainda não está contido, mas certamente a possibilidade de expressá-lo.

("O conteúdo da proposição" significa o conteúdo da proposição que tem sentido.)

Na proposição, a forma de seu sentido está contida, mas não o conteúdo dele.

3.14 O signo proposicional consiste no fato de que os seus elementos, as palavras, relacionam-se uns com os outros de determinada maneira.

O signo proposicional é um fato.

3.141 A proposição não é nenhuma mistura de palavras (como o tema musical não é nenhuma mescla de tons).

A proposição é articulada.

3.142 Apenas fatos podem expressar um sentido, uma classe de substantivos não o pode.

3.143 Que o signo proposicional seja um fato é algo obscurecido pela forma ordinária de expressão da escrita ou da impressão.

---

30. No original alemão, *Satzzeichen* [N.T.].

Pois, na proposição impressa, por exemplo, o signo proposicional não parece essencialmente distinto da palavra.

(Então foi possível que Frege tivesse chamado a proposição de um nome composto.)

3.1431 A essência do signo proposicional se torna muito clara quando o pensamos como composto de objetos espaciais (por exemplo, mesas, cadeiras, livros), em vez de signos escritos.

A posição espacialmente mútua dessas coisas expressa, então, o sentido da proposição.

3.1432 Não: "o signo complexo 'aRb' diz que 'a' está em relação 'R' com 'b'", mas: *o fato de que* "a" está em certa relação com "b", diz, *que* 'aRb'.

3.144 Podem-se descrever situações, não *as nomear*.

(Nomes equivalem a pontos, proposições [equivalem a] flechas[31] – elas possuem sentido[32].)

3.2 Nas proposições, os pensamentos podem ser expressos de modo tal que os objetos do pensamento correspondem a elementos do signo proposicional.

3.201 Chamo esses elementos de "signos simples" e as proposições, de "completamente analisadas".

---

31. No original alemão, *Pfeilen*. A ideia é de linhas com setas apontando sentido, não de flechas literais [N.T.].

32. No original alemão, *Sinn*. Ogden traduz por *sense* [N.T.].

3.202   Os signos simples aplicados às proposições se chamam nomes.

3.203   O nome significa o objeto. O objeto é seu significado[33].

("A" é o mesmo signo que "A").

3.21   A configuração de signos simples no signo proposicional corresponde à configuração dos objetos na situação.

3.22   O nome, na proposição, representa o objeto.

3.221   Só posso *chamar* o objeto. Os signos os representam.

Só posso falar *deles*, não posso *enunciá-los*.

Uma proposição só pode dizer *como* uma coisa é, não *o que* ela é.

3.23   A exigência de possibilidade dos signos simples é a exigência de determinabilidade do sentido.

3.24   A proposição com a qual um complexo lida está em relação interna com a proposição que trata dos componentes daquele.

O complexo só pode ser dado pela sua descrição, e esta estará correta ou incorreta. A proposição na qual se fala de um complexo não é sem sentido caso o complexo não exista, mas simplesmente falsa.

O fato de que um elemento da proposição designe um complexo pode ser visto a partir de uma indeterminabilidade na

---

33. No original alemão, *Bedeutung*. Ogden traduz por *meaning* [N.T.].

proposição em que ele surge. *Sabemos* que nem tudo ainda é determinado por essa proposição (a designação de generalidade[34] *contém* um protótipo[35].)

A composição do símbolo de um complexo em um símbolo simples só pode ser expressa mediante uma definição.

3.25 Há uma, e apenas uma, análise completa da proposição.

3.26 A proposição expressa de modo determinado e claramente especificável o que ela expressa: a proposição é articulada.

3.261 Cada signo definido indica *a respeito* daquele signo por meio do qual ele é definido; e as definições indicam o caminho. Dois signos, um signo primordial[36] e um [signo] definido mediante signos primordiais, não podem designar de uma mesma maneira. Não se *consegue* desmontar nomes mediante definições (tampouco signos que, apenas eles, independentemente, possuem um significado).

3.262 Aquilo que não chega a ser expresso no signo é mostrado por sua aplicação. O que o signo omite[37] corresponde à sua aplicação.

---

34. No original alemão, *Allgemeinheitsbezeichnung*. Uma alternativa seria "designação de universalidade" [N.T.].

35. No original alemão, *Urbild*, termo que também pode significar "modelo", "arquétipo" ou, mais literalmente, "protoimagem" [N.T.].

36. No original alemão, *Urzeichen*. Uma alternativa possível é "protossigno". Ogden usa *primitive sign* [N.T.].

37. No original alemão, *verschluckt*. A escolha do verbo *verschlucken* é interessante, pois ele transmite a ideia de omissão de vogais ou sílabas na fala, ou da absorção de sons [N.T.].

3.263 Os significados de signos primordiais não podem ser explicados mediante elucidações. Elucidações consistem em proposições que contêm os signos primordiais. Logo, elas só podem ser compreendidas se os significados desses signos já são conhecidos.

3.3 Apenas a proposição tem sentido; apenas no contexto da proposição um nome possui sentido.

3.31 Chamo uma expressão (um símbolo) cada parte da proposição que caracteriza seu sentido.

(A própria proposição é uma expressão.)

Expressão é tudo aquilo essencial para o sentido da proposição que proposições podem ter em comum umas com as outras.

Uma expressão designa[38] uma forma e um conteúdo.

3.311 A expressão pressupõe as formas de todas as proposições nas quais ela pode ocorrer.

Ela é o traço distintivo comum de uma classe de proposições.

3.312 Portanto, ela é apresentada pela forma geral da proposição que ela caracteriza.

E nessa forma, de fato, a expressão é constante e tudo mais é variável.

3.313 A expressão, portanto, é apresentada mediante uma variável, cujos valores são as proposições que contêm a expressão.

---

38. No original alemão, *kennzeichnet* [N.T.].

(No caso-limite, a variável se torna constante, a expressão [se torna] proposição.) Chamo tal variável de "variável proposicional"[39].

3.314 A expressão só possui sentido em uma proposição. Toda variável pode ser compreendida como variável proposicional.

(Também a variável ["]nome["]).

3.315 Se tornarmos um componente de uma proposição em uma variável, então há uma classe de proposições que são todos os valores da proposição variável que então surge. Essa classe ainda depende, em geral, do que nós, por convenção arbitrária, queremos dizer com partes daquela proposição. Todavia, se tornarmos em variáveis todos aqueles signos cujo significado foi determinado arbitrariamente, então sempre permanece tal classe. Esta, porém, agora não é mais dependente de convenção alguma, mas apenas da natureza da proposição. Ela corresponde a uma forma lógica – a um protótipo[40] lógico.

3.316 Serão fixados[41] quais valores a variável proposicional deve aceitar.

A fixação[42] de valores é a variável.

---

39. No original alemão, *Satzvariable* [N.T.].

40. No original alemão, *Urbild* [N.T.]

41. No original alemão, *festgesetzt* [N.T.].

42. No original alemão, *Festsetzung*. O termo pode ser traduzido também por "marcação", "determinação", "arranjo", "designação", entre outros. Ogden traduz por *determination* [N.T.].

3.317 A fixação dos valores das variáveis proposicionais é a *indicação das proposições* cujo traço comum é a variável.

A fixação é uma descrição dessa proposição.

A fixação, portanto, lidará apenas com símbolos, não com os significados deles.

E apenas isto é essencial à fixação: o fato de que ela é apenas uma descrição de símbolos e não afirma nada sobre o indicado.

Como a descrição de proposições ocorre, não é essencial.

3.318 Concebo a proposição – como Frege e Russell – como função das expressões contidas nela.

3.32 O signo é o sensivelmente perceptível no símbolo.

3.321 Dois símbolos diferentes poderiam, portanto, ter em comum o signo (signo escrito ou sonoro etc.); eles indicam, então, de diferentes maneiras.

3.322 O traço comum entre dois objetos nunca pode mostrar que o designamos com os mesmos signos, mas sim com diferentes *modos de designação*. Afinal, o signo é arbitrário. Poder-se-iam, portanto, escolher também dois signos diferentes e, então, onde estaria o comum na designação.

3.323 Na linguagem ordinária, ocorre com frequência extraordinária que a mesma palavra designe de maneiras diferentes – logo, pertence a diferentes signos – ou que duas palavras, que designam de maneira distinta, são aplicadas externamente da mesma forma em uma proposição.

Então a palavra "é" aparece como cópula, como signo de igualdade e como expressão de existência; "existir" como verbo intransitivo, como "ir"; "idêntico" como um adjetivo; falamos de *algo*, mas também do fato de que *algo* ocorre.

(Na proposição "Rosa é rosa"[43] – em que a primeira palavra é um nome pessoal e a última é um adjetivo – essas palavras não só possuem significados diferentes, mas elas são *símbolos diferentes*.)

3.324 Assim, facilmente surgem as modificações mais fundamentais (das quais o todo da filosofia está repleto.)

3.325 Para escapar desses erros, devemos aplicar uma linguagem designativa[44], que os expulse, ao não aplicar os mesmos signos[45] em diferentes símbolos[46] e ao não aplicar signos que designam de modo diferente externamente da mesma maneira. Uma linguagem designativa, portanto, que se conforme à gramática lógica, à sintaxe *lógica*.

---

43. Utilizamos a mesma adaptação de Souza em WITTGENSTEIN, 2022, p. 149.

44. No original alemão, *Zeichensprache* [N.T.].

45. No original alemão, Zeichen [N.T.].

46. No original alemão, Symbolen [N.T.].

(A *Notação conceitual*[47] de Frege e de Russell é tal linguagem que, não obstante, ainda não exclui todos os erros.)

3.326 Para reconhecer o símbolo no signo, deve-se respeitar o uso significativo.

3.327 O signo determina uma forma lógica somente junto com sua aplicação lógico-sintática.

3.328 Se um signo *não é utilizado*, então ele é sem sentido. Esse é o sentido da Navalha de Ockham.

(Se todo signo se relacionasse como se tivesse um significado, então ele também possuiria significado.)

3.33 Na sintaxe lógica, o significado nunca precisa desempenhar um papel; porém, ele deve poder ser estabelecido, sem que, ao mesmo tempo, se fale do *significado* de um signo; ele deve *apenas* pressupor a descrição da expressão.

3.331 A partir dessa observação, lançamos um olhar sobre a "teoria dos tipos[48]" de Rus-

---

47. No original alemão, *Begriffsschrift*. Com essa expressão, Wittgenstein não alude a um, mas a dois textos: (1) o escrito de Gottlob Frege (1848-1925) intitulado *Begriffsschrift: eine der arithmetischen nachgebildete Formelsprache des reinen Denkens* ["Notação conceitual: uma linguagem formal do pensamento puro emuladora da aritmética"], de 1879 e (2) possivelmente o *Principles of Mathematics* ["Princípios da matemática"], de 1903, de Bertrand Russell (1872-1970), cujo apêndice dialoga com o texto supracitado de Frege. A obra de Frege, ao pé da letra, poderia ser traduzida por *Escrita do conceito* ou *Ensaio do conceito* e também é conhecida, em língua portuguesa, como *Conceitografia* ou *Ideografia*. Sou grato, novamente, ao Prof. Dr. Acríssio Luiz Gonçalves pela ajuda com esta passagem [N.T.].

48. No original alemão, a expressão está em inglês: *Theory of types* [N.T.].

sel: o erro de Russel se mostra no fato de que ele, no estabelecimento de suas regras designativas[49], deve falar sobre o significado dos signos.

3.332 Nenhuma proposição pode afirmar algo acerca dela mesma, porque o signo proposicional não é capaz de se conter em si próprio. (Esse é o todo da "teoria dos tipos"[50].)

3.333 É por isso que uma função não pode ser seu próprio argumento, uma vez que o signo funcional[51] já contém o protótipo de seu argumento e, portanto, ele não pode conter a si próprio.

De fato, se aceitássemos que a função $F(fx)$[52] pudesse ser seu próprio argumento, então também haveria uma proposição "$F(F(fx))$" e, nesta, a função externa F e a função interna F deveriam ter sentidos diferentes, pois a interna possui a forma $\phi(fx)$; a externa, a forma $\psi(\phi(fx))$. Apenas a letra "F" é comum às duas funções. Todavia, ela por si só não designa nada.

---

49. No original alemão, *Zeichenregeln* [N.T.].

50. Novamente, a expressão está em inglês no original alemão: *Theory of types* [N.T.].

51. No original alemão, *Funktionszeichen* [N.T.].

52. De acordo com a edição da Reclam, os símbolos lógicos usados por Wittgenstein são do *Principia Mathematica* de Whitehead e Russell, alguns dos quais não são mais utilizados na atualidade (Kienzler, 2022, p. 103) [N.T.].

Isso fica imediatamente claro quando nós escrevermos, ao invés de "F(F(u))", "($\exists\phi$): F(ϕ u). ϕ u=Fu".

Com isso, resolve-se o paradoxo de Russell.

3.334   As regras da sintaxe lógica devem ser compreendidas por si próprias, caso se queira apenas saber como cada signo é designado.

3.34   A proposição possui traços essenciais e acidentais[53].

Acidentais são os traços que se originam de um tipo particular de produção do signo proposicional. Essenciais [são] aqueles que apenas capacitam a proposição a expressar o seu sentido.

3.341   O essencial na proposição, portanto, é aquilo que é comum a todas as proposições que podem expressar o mesmo sentido.

E, do mesmo modo, o essencial em geral no símbolo é aquilo que todos os símbolos que podem cumprir o mesmo fim possuem em comum.

3.3411   Poder-se-ia, portanto, dizer: o nome próprio é aquilo que todos os símbolos que podem indicar o objeto possuem em comum. Então resultaria gradualmente que composição alguma seria essencial para o nome.

---

53. No original alemão, *zufällige*. Outra tradução possível é "contingentes" [N.T.].

3.342   Em nossas notações, certamente, algo é arbitrário, mas *isso* não é arbitrário: o fato de que, *se* determinamos algo arbitrariamente, então outra coisa *deve* ser o caso (isso depende da *essência* da notação).

3.3421   Um modo peculiar de designação pode ser desimportante, mas é sempre importante que esse seja um modo *possível* de designação.

E assim se procede na filosofia em geral: o particular se mostra repetidamente como desimportante, mas a possibilidade de cada particular nos fornece uma informação sobre a essência do mundo.

3.343   Definições são regras da tradução de uma linguagem para outra. Cada linguagem designativa deve poder ser traduzida para outra segundo tais regras: *isso* é o que todas elas possuem em comum.

3.344   Aquilo que, no signo, designa, é o comum a todos os outros símbolos pelos quais aquele pode ser substituído segundo as regras da sintaxe lógica.

3.3441   Pode-se, por exemplo, expressar o que é comum a todas as notações para as funções de verdade da seguinte maneira: é comum a elas que todas elas *podem ser substituídas* – por exemplo – pela notação de "~p" ("não p") e "p v q" ("p ou q").

(Com isso, distingue-se o modo como uma notação especial possível pode nos fornecer informações gerais.)

3.3442   O signo do complexo não se resolve arbitrariamente na análise, de modo que, por exemplo, sua solução estivesse em todo período[54].

3.4   A proposição determina um lugar no espaço lógico. A existência desse lugar lógico é garantida apenas pela existência de componentes, pela existência de proposições dotadas de sentido.

3.41   Os signos proposicionais e as coordenadas lógicas: esse é o lugar lógico.

3.411   O lugar geométrico e o lugar lógico se correspondem no fato de que ambos são a possibilidade de uma existência.

3.42   Embora a proposição deva determinar apenas um lugar do espaço lógico, por meio dela já deve ser dado todo o espaço lógico.

(Caso contrário, pela negação, a soma lógica, o produto lógico etc. sempre introduz novos elementos mediante a negação – em coordenação.)

(O arcabouço lógico ao redor da imagem determina o espaço lógico. A proposição toma ação vigorosa contra o todo do espaço lógico.)

3.5   O signo proposicional aplicado, pensado, é o pensamento.

4   O pensamento é a proposição significativa.

---

54. No original alemão, *Satzgefüge*. Essa expressão pode significar "frase complexa", "período composto". Ogden traduz por *propositional structure* [N.T.].

4.001 A totalidade das proposições é a linguagem.

4.002 O ser humano porta a capacidade de construir linguagens, com o que se pode expressar todo sentido, sem se ter uma ideia de como e de que cada palavra significa. – Como também se fala, sem se saber, como os sons individuais são produzidos.

A linguagem ordinária é uma parte do organismo humano e não menos complicada do que este.

É humanamente impossível inferir imediatamente a lógica da linguagem a partir dela.

A linguagem disfarça os pensamentos. E, certamente, de modo que não se consegue inferir, pela forma externa das roupas, a forma do pensamento disfarçado; pois a forma externa da roupa é formada segundo fins totalmente diferentes do que aqueles que permitem conhecer a forma do corpo.

Os acordos implícitos quanto à compreensão da linguagem ordinária são enormemente complicados.

4.003 A maioria das proposições e questões que foram escritas sobre objetos[55] filosóficos não é falsa, mas sem sentido. Não podemos, portanto, responder à questão alguma desse tipo, mas apenas determinar sua ausência de sentido. A maioria das questões e de proposições

---

55. No original alemão, "*Dinge*" no sentido de "objetos". [N.T.]

dos filósofos se baseia no fato de que não compreendemos a lógica de nossa linguagem.

(Elas são do tipo de questão [:] se o Bem é mais ou menos idêntico ao Belo.)

E não é surpreendente que os problemas mais profundos, na verdade, não sejam problema *algum*.

4.0031 Toda a filosofia é "crítica da linguagem"[56]. (Porém, não no sentido de Mauthner[57].)

É mérito de Russell ter indicado que a forma aparentemente lógica da proposição não deve ser sua [forma] real.

4.01 A proposição é uma imagem da realidade.

A proposição é um modelo da realidade, assim como a concebemos.

4.011 Ao primeiro olhar, a proposição – tal como ela se encontra impressa no papel, por exemplo – não parece imagem alguma da realidade com a qual ela lida.

Contudo, a notação musical[58] não parece, à primeira vista, imagem alguma da música, e nossa escrita fonético-(alfabética)[59]

---

56. As aspas são do original alemão [N.T.].

57. Sobre o filósofo e escritor austríaco Fritz Mauthner (1849-1923) e sua importância para Wittgenstein (cf. Janik; Toulmin, 1973, p. 121-133; Pinto, 1998, p. 107-117) [N.T.].

58. No original alemão, *Notenschrift* [N.T.].

59. No original alemão, um neologismo de Wittgenstein, *Lautzeichen-(Buchstaben-)Schrift* [N.T.].

[não parece] imagem alguma de nossa linguagem falada.

E, contudo, essas linguagens designativas se mostram, também, no sentido costumeiro como imagens daquilo que elas representam[60].

4.012   É evidente que podemos perceber[61] uma proposição da forma "aRb" como figura.

Aqui, o signo é claramente um símile do designado.

4.013   E, se avançarmos ao essencial dessa qualidade da imagem[62], então veremos que o mesmo *não* é perturbado por *irregularidades aparentes* (como o uso de ♯ e de ♭ na notação musical.)

Afinal, essas irregularidades também figuram o que elas devem expressar; só que de outra maneira.

4.014   O disco de vinil, o pensamento musical, a notação musical, as ondas sonoras, cada elemento está em uma relação figurada interna um com o outro, que subsiste entre linguagem e mundo.

A estrutura lógica é comum a todos eles.

(Assim como, no conto de fadas, os dois jovens, seus dois cavalos e seus lírios. Todos eles são, em certo sentido, um.)

---

60. No original alemão, *darstellen*. [N.T.].

61. No original alemão, *empfinden*. [N.T.].

62. No original alemão, *Bildhaftigkeit* [N.T.].

40141   Há uma regra geral pela qual o músico pode aprender a sinfonia a partir da partitura, pela qual se pode inferir a sinfonia a partir da linha no disco de vinil e, novamente, segundo a primeira regra, inferir a partitura. Nesse fato baseia-se precisamente a afinidade interior dessas entidades[63] aparentemente tão distintas. E essa regra é a lei da projeção, que projeta a sinfonia na linguagem musical[64]. Ela é a regra da tradução da linguagem musical na linguagem do disco de vinil.

4.015   A possibilidade de todo símile, de toda qualidade da imagem de nosso modo de expressão se baseia na lógica de figuração.

4.016   Para compreender a essência da proposição, pensamos na escrita de hieróglifos, que figura os fatos que ela descreve.

E, a partir dela, veio a escrita alfabética, sem perder o essencial da figuração.

4.02   Vemos isso, portanto, no fato de que compreendemos o sentido do signo proposicional, sem que ele nos seja explicado.

4.021   A proposição é uma imagem da realidade, afinal, conheço-a da situação apresentada por ela se entendo a proposição. E entendo a proposição sem que meu sentido me tenha sido explicado.

4.022   A proposição *designa* seu sentido.

---

63. No original alemão, *Gebilde*. O termo também pode significar "objeto", "construto", "estrutura", "forma", "criação", entre outros [N.T.].

64. No original alemão, *Notensprache* [N.T.].

A proposição *designa* como [algo] se relaciona, *se* ele é verdadeiro, e ela *diz que* [algo] se relaciona de tal modo.

4.023   A realidade deve ser fixada pela proposição ao "sim" ou ao "não".

Além disso, ela deve ser completamente descrita pela proposição.

A proposição é a descrição de um estado de coisas.

Assim como a descrição de um objeto segundo suas características externas, a proposição descreve a realidade de acordo com suas características internas.

A proposição constrói um mundo com auxílio de um arcabouço lógico e, por esse motivo, também se pode ver na proposição como tudo se relaciona logicamente, se for verdade. Pode-se *chegar a conclusões* a partir de uma proposição falsa.

4.024   Compreender uma proposição significa saber qual é o caso em que ela é verdadeira.

(Pode-se, então, compreendê-la sem saber se ela é verdadeira.)

Ela é compreendida quando se compreendem suas partes constitutivas.

4.025   A tradução de uma linguagem para outra não ocorre de modo que se traduz cada *proposição* de uma linguagem para uma *proposição* de outra, mas apenas os componentes das proposições são traduzidos.

(E o dicionário não traduz apenas substantivos, mas também verbos, adjetivos e conjunções etc.; e trata todas elas igualmente.)

4.026 Os significados dos signos simples (das palavras) devem nos ser explicados, para que os compreendamos.

Com as proposições, porém, *nos informamos*.

4.027 Está na essência da proposição que ela possa nos comunicar um *novo* sentido.

4.03 Uma proposição deve comunicar, com antigas expressões, um novo sentido.

A proposição nos comunica uma situação logo que ela se associar *essencialmente* com a situação.

E o contexto é precisamente o fato de que ele é sua imagem lógica.

A proposição predica algo apenas à medida que é uma imagem.

4.031 Na proposição, por assim dizer, uma situação é articulada experimentalmente.

Pode-se dizer, realmente: em vez de ["]essa proposição tem este e aquele sentido["], ["]essa proposição representa[65] esta e aquela situação["].

4.0311 Um nome corresponde a uma coisa, outro, a outra coisa, e eles são conectados um com o outro. Assim, o todo representa – como uma imagem viva – o estado de coisas.

---

65. No original alemão, *darstellt*. [N.T.].

4.0312 A possibilidade da proposição se baseia no princípio de representação de objetos por signos.

Meu pensamento fundamental é que as "constantes lógicas" não representam. O fato de que a *lógica* dos fatos não *se deixa* representar.

4.032 Apenas nesta medida a proposição é uma imagem de uma situação: quando ela é logicamente articulada.

(A proposição "ambulo" também é composta, pois seu radical me dá outro sentido com outra terminação e sua terminação me dá outro sentido com outro radical.)

4.04 Deve ser possível diferenciar, precisamente na proposição, tanto quanto na situação que ela apresenta.

As duas devem possuir a mesma multiplicidade lógica (matemática). (Comparar com a mecânica de Hertz, sobre modelos dinâmicos.)

4.041 Essa multiplicidade matemática, naturalmente, não se pode figurar novamente por si própria. Não se pode partir para fora dela no figurar.

4.0411 Se quiséssemos expressar, por exemplo, aquilo que expressamos por meio de "(x).fx" pela fixação de um índice diante de "fx" – algo como "Ger.fx" –, não bastaria, não saberíamos o que estaria sendo generalizado.

Caso quiséssemos fazê-lo mediante a indicação de um índice em "x" – algo como "f(x_a)" –, também não seria o suficiente, não saberíamos o âmbito da designação de generalidade.

Se o tentássemos mediante a tentativa de introdução de uma marca na posição argumentativa – algo como "(A,A).f(A,A)" –, não seria o bastante, não poderíamos determinar a identidade das variáveis, e assim por diante.

Todos esses modos de designação não bastam, pois eles não possuem a multiplicidade matemática necessária.

4.0412 Com base nos mesmos motivos, a explicação idealista para o ato de enxergar as relações espaciais mediante "óculos espaciais"[66] não é o bastante, pois ela não consegue explicar a multiplicidade dessas relações.

4.05 A realidade é comparada com a proposição.

4.06 A proposição só pode ser verdadeira ou falsa na seguinte maneira: sendo, ao mesmo tempo, uma imagem da realidade.

4.061 Não se observando que a proposição possui um sentido independente dos fatos, então se pode acreditar facilmente que verdadeiro e falso são relações entre signos e designados que têm os mesmos direitos.

Poder-se-ia dizer, então, por exemplo que "p" designa, da verdadeira maneira, o que "~p" designa de maneira falsa etc.

---

66. No original alemão, *Raumbrille* [N.T.].

4.062 Não se pode se informar com proposições falsas como, até agora, com verdadeiras? Desde que apenas se saiba que elas sejam julgadas como falsas. Não! Afinal, uma proposição é verdadeira se ela se comporta como dizemos por meio dela; e, se queremos dizer ~p com "p", e ela se comporta assim, como o queremos dizer, então "p", na nova concepção, é verdadeiro, e não falso.

4.0621 Porém, o fato de que os signos "p" e "~p" *podem* dizer o mesmo é importante. Afinal, isso mostra que não correspondem ao signo "~" na realidade.

O fato de que a negação ocorre em uma proposição ainda não é traço algum de seu sentido ($\sim\sim p = p$).

As proposições "p" e "~p" possuem sentido oposto, mas uma e mesma realidade corresponde a elas.

4.063 Uma imagem para explicar o conceito de verdade: mancha preta no papel branco; a forma da mancha pode ser descrita, ao se indicar se cada ponto da superfície é branco ou preto. O fato de que um ponto é preto (não branco) corresponde a um [fato] positivo – o [fato] de que um ponto é branco (não preto) é um fato negativo. Se indico um ponto da superfície (um valor de verdade fregeano), então ele corresponde a uma suposição, que é apenas estabelecida para ajuizamento etc. etc.[67]

---

67. Repetição de "etc." no original alemão. Isso ocorre outras vezes ao longo da obra, por exemplo, em 6.1201 [N.T.].

Todavia, para poder dizer que um ponto é preto ou branco, por ora, devo saber quando se chama um ponto de preto e quando se chama um ponto de branco; para poder se dizer: "'p' é verdadeiro (ou falso)", devo ter determinado sob quais circunstâncias chamo "p" de verdadeiro e, com isso, determino o sentido da proposição.

O ponto no qual o símile cessa é, agora, o seguinte: podemos indicar, em um ponto do papel, ainda que sem saber o que é branco e preto; todavia, uma proposição sem sentido simplesmente não corresponde a nada, pois ela não designa coisa alguma (valor de verdade) cujas propriedades foram chamadas, por exemplo, "falsas" ou "verdadeiras"; não é que o verbo de uma proposição seja "é verdadeiro" ou "é falso" – como Frege acreditou –, mas sim que aquilo que "é verdadeiro" já deve conter o verbo.

4.064 Toda proposição *já* deve conter um sentido; a afirmação não pode fornecer este àquela, pois ela afirma precisamente o sentido. E o mesmo vale para a negação etc.

4.0641 Poder-se-ia dizer: "A negação já se relaciona com o lugar lógico que a proposição negada determina".

A proposição que nega determina *outro* lugar lógico que a negada.

A proposição que nega determina um lugar lógico com ajuda do lugar lógico da proposição negada, ao mesmo tempo em que ela descreve aquela como externa a esse espaço.

O fato de que se pode, novamente, negar a proposição negada já indica que aquilo negado já é uma proposição, e não apenas as preliminares a uma proposição.

4.1 A proposição apresenta o subsistir e o não subsistir dos estados de coisas.

4.11 A totalidade das proposições verdadeiras é o todo da ciência natural (ou a totalidade das ciências naturais).

4.111 A filosofia não é ciência natural alguma.

(A palavra "filosofia" deve significar algo que está acima, ou abaixo, mas não ao lado das ciências naturais.)

4.112 O objetivo da filosofia é o esclarecimento[68] lógico dos pensamentos.

A filosofia não é doutrina[69] nenhuma, mas uma atividade.

Uma obra filosófica consiste, basicamente, em elucidações.

O resultado da filosofia não é "proposições filosóficas", mas o ato de tornar as proposições claras.

A filosofia deve delimitar precisamente os pensamentos que de outro modo, por assim dizer, são obscuros e vagos, tornando-os claros.

---

68. No original alemão, *Klärung*. O termo também pode significar "depuração (de água)", "clarificação (de tinta)" [N.T.].

69. No original alemão, *Lehre*. Essa palavra pode indicar "teoria", "ciência", "ensino", "aprendizado", "instrução" [N.T.].

4.1121 A psicologia não é menos relacionada com a filosofia do que qualquer outra ciência natural.

Teoria do conhecimento é a filosofia da psicologia.

Meu estudo da linguagem designativa não corresponde ao estudo dos processos de pensamento que os filósofos consideravam tão essenciais para a filosofia da lógica? Ora, na maioria das vezes, elas se desenvolvem em investigações psicológicas não essenciais e há um perigo análogo também em meu método.

4.1122 A teoria darwiniana não possui maior relação com a filosofia do que qualquer outra hipótese da ciência natural.

4.113 A filosofia delimita o território disputável da ciência natural.

4.114 Ela deve delimitar o pensável e, por esse motivo, o impensável.

Ela deve delimitar o impensável de dentro dela, mediante o pensável.

4.115 Ela significará o indizível, ao mesmo tempo em que ela apresenta, com clareza, o dizível.

4.116 Tudo o que, em geral, pode ser pensado pode ser pensado com clareza. Tudo o que pode ser pronunciado pode ser pronunciado claramente.

4.12 A proposição pode apresentar a realidade como um todo, mas ela não pode apresentar o que ela deve ter em comum com a realidade, para poder apresentá-la – a forma lógica.

Para poder apresentar a forma lógica, devemos poder nos pôr com a proposição fora da lógica, isto é, fora do mundo.

4.121 A proposição não pode apresentar a forma lógica; ela se espelha nela.

O que *se* expressa na linguagem [é algo que] *nós* não conseguimos expressar por meio dela.

A proposição *indica* a forma lógica da realidade.

Ela a mostra.

4.1211 Então uma proposição "fa" indica que, em seu sentido, acontece o objeto "a"; duas proposições "fa" e "ga" indicam que, nas duas, fala-se do mesmo objeto.

Quando duas proposições contradizem uma à outra, então isso é indicado pela estrutura delas; da mesma forma, quando uma segue a partir da outra etc.

4.1212 O que *pode* ser indicado não *pode* ser dito.

4.1213 Agora, também compreendemos nosso sentimento: o fato de que estaremos em posse de uma concepção lógica correta se, pelo menos uma vez, tudo estiver de acordo em nossa linguagem designativa.

4.122 Podemos, em certo sentido, falar ou de propriedades formais dos objetos e dos estados de coisas, ou[70] de propriedades

---

70. No original alemão, *bezw.*, abreviatura incomum para o termo alemão moderno *beziehungsweise*, termo que pode ser traduzido por "ou... ou", "respectivamente", ou ainda "ou então". A abreviatura moderna comum para esse termo é *bzw.* [N.T.].

da estrutura dos fatos e, no mesmo sentido, [falar] de relações formais e de relações de estruturas.

(Em vez de ["]propriedade da estrutura["], digo, também, "propriedade interna"; em vez de ["]relação de estruturas["], "relação interna".

Introduzo essas expressões para indicar o motivo da confusão – muito disseminada entre os filósofos – entre as relações internas e as relações próprias [externas].)

A existência de tais propriedades e relações internas não pode, porém, ser afirmada mediante proposições, mas ela é indicada nas proposições que apresentam aqueles estados de coisas e lidam com aqueles objetos.

4.1221 Podemos, também, chamar uma propriedade interna de um fato, um traço[71] desse fato. (No sentido em que falamos, por exemplo, de traços faciais.)

4.123 Uma propriedade é interna se é impensável que seu objeto não a possua.

(Essa cor azul e aquele subsistir na relação interna entre mais claro e mais escuro *eo ipso*. É impensável que esses dois objetos não permaneçam nessa relação.)

---

71. No original de Wittgenstein, *Zug*. Pensamos em "traço" tal como em "traço de caráter", *Charackterzug*. Ogden traduz por *feature*, "aspecto de algo", "elemento de algo" [N.T.].

(Aqui, o uso mutável das palavras "propriedade" e "relação" corresponde ao uso mutável da palavra "objeto".)

4.124 A existência de uma propriedade interna de uma situação possível não é expressa por uma proposição, mas ela se expressa na proposição que a apresenta, por meio de uma propriedade interna dessa proposição.

Seria tão sem sentido atribuir à proposição uma propriedade formal quanto negar esta àquela.

4.1241 Não se consegue diferenciar formas uma da outra ao dizer que uma possui essa, a outra possui aquela propriedade; pois isso pressupõe que existe um sentido em afirmar as duas propriedades de ambas as formas.

4.125 A existência de uma relação interna entre possíveis situações se expressa verbalmente por meio de uma relação interna entre as proposições que as representam.

4.1251 Aqui, agora se resolve o assunto controverso sobre "se todas as relações são internas ou externas".

4.1252 Chamo "séries formais" as séries que são ordenadas por relações *internas*.

A série numérica não é organizada segundo uma relação externa, mas segundo uma relação interna.

De maneira semelhante, a série de proposições

"aRb"

"(∃x):aRx.xRb"

"(∃x,y):aRx.xRy.yRb"

etc.

(Se "b" estiver em uma dessas relações com "a", então chamo de "b" um sucessor de "a".)

4.126   No sentido de que falamos de propriedades formais, agora podemos, também, falar sobre conceitos formais.

(Introduzo essa expressão para esclarecer o motivo da confusão entre os conceitos formais e os conceitos próprios que permeiam toda a lógica antiga.)

O fato de que algo incide sobre um conceito formal como objeto dele não pode ser expresso por uma proposição, mas é indicado no signo desse próprio objeto. (O nome indica que ele designa um objeto, o signo numérico, que ele designa um número etc.)

Os conceitos formais, de fato, não podem ser apresentados, como os próprios conceitos, mediante uma função.

Afinal, seus atributos[72], as propriedades formais, não são expressas pelas funções.

A expressão da propriedade formal é um traço de certos símbolos.

O signo do atributo de um conceito formal, portanto, é um traço característico

---

72. No texto original alemão, *Merkmale* [N.T.].

de todos os símbolos, cujos significados incidem sobre o conceito.

A expressão do conceito formal, portanto, é uma variável proposicional na qual apenas esse traço característico é constante.

4.127 A variável proposicional designa o conceito formal, e seus valores [designam] os objetos, que incidem sobre esse conceito.

4.1271 Cada variável é o signo de um conceito formal.

Pois cada variável representa uma forma constante, que todos os seus valores possuem e que pode ser aprendida como a propriedade formal desses valores.

4.1272 Então o nome variável "x" é o índice próprio do conceito ilusório[73] *objeto*.

Sempre que a palavra "objeto" ("coisa"[74], "negócio"[75], etc.) é utilizada corretamente, ela é expressa, na notação conceitual[76], pela variável ["]nome["].

Por exemplo, na proposição "há 2 objetos[77], que..." por "(]x,y)...".

---

73. No original alemão, *Scheinbegriff*. Outras traduções possíveis seriam "conceito aparente" ou, de modo menos literal, "pseudoconceito". Ogden traduz por *pseudo-concept* [N.T.].

74. No original alemão, *Ding*. [N.T.].

75. No original alemão, *Sache*. [N.T.].

76. No original alemão, *Begrifsschrift*. Aqui e abaixo, não se fala do texto de Frege, mas da forma de se argumentar [N.T.].

77. Uso do número "dois" não escrito por extenso no original alemão. Ogden escreve por extenso em sua tradução [N.T.].

Sempre que é usada de outro modo – logo, como própria palavra conceitual –, surgem proposições ilusórias[78], sem sentido.

Desse modo, por exemplo, não se pode falar "há objetos", como se diz "há livros". E tampouco "há 100 objetos" ou "há $\aleph_0$ objetos".

E é absurdo falar da *quantidade de todos os objetos*.

O mesmo vale para as palavras "complexo", "fato", "função", "número" etc.

Todos elas indicam conceitos formais e devem ser apresentadas na notação conceitual por meio de variáveis, não mediante funções ou classes (como Frege e Russell acreditaram).

Expressões como "1 é um número", "há apenas um zero" e todas as semelhantes são sem sentido.

(É tão sem sentido dizer "há apenas um 1" quanto seria sem sentido afirmar: 2 + 2 é, às 3h00, igual a 4.)

4.12721   O conceito formal já está dado com um objeto que incide sobre ele. Portanto, não se podem introduzir objetos de um conceito formal *e* o próprio conceito formal como conceitos fundamentais[79].

---

78. No original alemão, *Scheinsätze*. Tal como na nota 58 logo acima, alternativas possíveis seriam "proposições aparentes" ou, de maneira menos literal, "pseudoproposições". Ogden traduz por *pseudo-propositions* [N.T.].

79. No original alemão, *Grundbegriffe* [N.T.].

Portanto, não se pode, por exemplo, introduzir o conceito de função nem funções especiais (como Russell) como conceitos fundamentais; ou o conceito de número e números determinados.

4.1273 Se quisermos expressar a proposição geral "b é um sucessor de a" na notação conceitual, então, para esse fim, precisamos de uma expressão para o termo geral da série formal:

aRb

$(\exists x):aRx.xRb$

$(\exists,y):aRx.xRy.yRb$

...

O membro geral de uma série formal só pode ser expresso mediante uma variável, pois o conceito [de] termo dessa série formal é um conceito *formal*. (Isso foi ignorado por Frege e por Russell; a maneira como eles querem expressar proposições gerais, como a acima, é, portanto, falsa; ela contém um círculo vicioso[80].)

Podemos determinar o termo geral da série formal ao indicar seu primeiro termo e a forma geral da operação, que gera o termo seguinte a partir do precedente.

4.1274 A pergunta pela existência de um conceito formal é sem sentido.

---

80. No texto original, a expressão está em latim com uma capitalização inadequada, pois no meio da frase: *Circulus vitiosus* [N.T.].

Afinal, proposição nenhuma pode responder a tal pergunta.

(Não se pode perguntar, portanto, por exemplo: "Há proposições sujeito-predicado não analisáveis?".)

4.128   As formas lógicas são *i*númeras[81].

É por isso que, na lógica, não há número preeminente nenhum e, por isso, não há monismo ou dualismo filosófico algum etc.

4.2   O sentido da proposição é seu acordo ou desacordo com a possibilidade da existência e da não existência de estados de coisas.

4.21   A proposição mais simples, a proposição elementar, afirma a existência de um estado de coisas.

4.211   Um signo da proposição elementar é que nenhuma proposição elementar pode estar em contradição com ela.

4.22   A proposição elementar consiste em nomes. Ela é um nexo, um encadeamento de nomes.

4.221   É evidente que, na análise de proposições, devemos poder chegar a proposições elementares, que consistem em nomes em nexo imediato.

Pergunta-se, aqui, como se chega ao nexo proposicional[82].

---

81. No original alemão, "*zahllos*" (grifo de Wittgenstein) [N.T.].

82. No original alemão, *Satzverband* [N.T.].

4.2211 Ainda que o mundo seja infinitamente complexo, de modo que cada fato seja composto de infinitamente muitos estados de coisas e que cada estado de coisa seja composto de infinitamente vários objetos, ainda assim deve haver objetos e estados de coisas.

4.23 O nome ocorre na proposição apenas no contexto da proposição elementar.

4.24 Os nomes são os símbolos simples; eu os indico mediante letras individuais ("x", "y", "z").

Escrevo a proposição elementar como função dos nomes na forma: "fx", "f(x,y)" etc.

Ou a indico pelas letras p, q, r.

4.241 Se uso dois signos com um e mesmo significado, então expresso isso à medida que ponho, entre ambos, o signo "=".

Portanto, "a=b" significa: o signo "a" é substituível pelo signo "b".

(Se introduzo, mediante uma igualdade, um novo signo "b", na medida em que determino que ele deveria substituir um signo já conhecido "a", então escrevo a equação – definição – (como Russell) na forma "a = b Def.". A definição é uma regra designativa.)

4.242 Expressões da forma "a = b", portanto, só existem para a apresentação; elas não afirmam nada acerca do significado dos signos "a" ou "b".

4.243 Poderíamos compreender dois nomes sem saber se eles designam a mesma coisa ou duas coisas diferentes? Poderíamos compreender uma proposição na qual dois nomes ocorrem sem saber se eles significam a mesma coisa ou algo diferente?

Por exemplo, se conheço o significado de uma palavra inglesa e uma palavra alemã de significado sinônimo, então é impossível eu não saber que as duas sejam sinônimos; é impossível que eu não possa traduzir uma pela outra.

Expressões como "a = a", ou derivadas dessa, não são nem proposições elementares nem signos significativos. (Isso será indicado posteriormente.)

4.25 Se a proposição elementar for verdadeira, então o estado de coisas existe; se a proposição elementar for falsa, então o estado de coisas não existe.

4.26 A especificação de toda proposição elementar verdadeira descreve completamente o mundo.

O mundo é completamente descrito pela especificação de todas as proposições elementares mais a especificação de quais delas são verdadeiras e de quais são falsas.

4.27 Em relação à existência e à não existência de "n" estados de coisas, há $K_n = \Sigma_{\nu=0}^{n} \binom{n}{\nu}$ possibilidades[83].

Poderia haver todas as combinações possíveis de estados de coisas, e as outras não existirem.

4.28 Essas combinações correspondem a tantas possibilidades da verdade – e de falsidade – quanto de "n" proposições elementares.

4.3 As possibilidades de verdade das proposições elementares significam as possibilidades de existência e de não existência dos estados de coisas.

4.31 Poderíamos representar as possibilidades de verdade mediante esquemas do seguinte tipo ("V" significa "verdadeiro"; "F", "falso". As fileiras de "V" até "F" sob a fileira de proposições significam, em simbolismo mais fácil de compreender, suas possibilidades de verdade):

p	q	r
V	V	V
F	V	V
V	F	V
V	V	F
F	F	V
F	V	F
V	F	F
F	F	F

---

83. Agradeço à Ma. Amanda Cecília Sant'Anna Dusse pela ajuda com as fórmulas matemáticas [N.T.].

p	q
V	V
F	V
V	F
F	F

p
V
F

4.4   A proposição é a expressão do acordo e do desacordo entre as possibilidades de verdade das proposições elementares.

4.41   As possibilidades de verdade das proposições elementares são as condições de verdade e de falsidade das proposições.

4.411   De início, é provável que a introdução das proposições elementares seja fundamental para o entendimento de todos os demais tipos de proposição. Certamente, a compreensão das proposições gerais depende *palpavelmente* da proposição elementar.

4.42   No que diz respeito ao acordo e ao desacordo entre uma proposição e as possibilidades de verdade de "n" proposições elementares, há $\Sigma_{k=0}^{Kn} \binom{Kn}{k} = L_n$ possibilidades.

4.43   Podemos expressar o acordo entre as possibilidades de verdade ao associá-las, no esquema, à marca[84] "V" ("verdade").

O erro dessa marca não significa o desacordo.

---

84. No original alemão, *Abzeichen*. O termo também pode significar "marca", "emblema" "insígnia", "símbolo". Uma tradução menos literal e mais atualizada, mas que talvez fuja ao espírito dessa obra, seria "valor" [N.T.].

4.431 A expressão do acordo e do desacordo com as possibilidades de verdade das proposições elementares expressam as possibilidades de verdade das proposições.

A proposição é a expressão de suas condições de verdade.

(Frege, portanto, comunicou isso com antecedência de modo completamente correto como explicação dos signos de sua *Notação conceitual*. Apenas a explicação do conceito de verdade em Frege é errada: se "o verdadeiro" e "o falso" fossem objetos reais e os argumentos em ~p etc., então, de acordo com a determinação de Frege, o sentido de "~p" não estaria, de modo algum, especificado.)

4.44 O signo que surge pela associação daquela marca "V" com as possibilidades de verdade é um signo proposicional.

4.441 É claro que o complexo de signos "F" e "V" não corresponde a objeto algum (ou a um complexo de objetos); tampouco a linhas horizontais e verticais ou a parênteses. Não há "objetos lógicos".

Naturalmente, algo análogo vale para todos os signos que expressam o mesmo que os esquemas de "V" e de "F".

4.442 Por exemplo:

p	q	
V	V	V
F	V	V
V	F	
F	F	V

É um signo proposicional.

(O "traço judicativo[85]" de Frege "⊢" é, logicamente, inteiramente sem sentido; ele apenas indica, em Frege (e em Russell), que aqueles autores tomavam por verdadeiras proposições assim designadas. Consequentemente, "⊢" participa tão pouco da estrutura do período quanto, por exemplo, o número da proposição. É impossível que uma proposição afirme, sobre si própria, que ela é verdadeira.)

Se a sucessão de possibilidades de verdade no esquema é estabelecida de uma vez por todas por uma regra de combinação, então a última coluna, por si só, já é uma expressão das condições de verdade.

Se anotarmos essa coluna como uma linha, então o signo proposicional se torna:

"(VV-V)(p,q)" ou, de modo mais claro, "(VVFV)(p,q)".

(O número de posições nos parênteses esquerdos é determinado pelo número de termos nos parênteses direitos.)

4.45   Para n proposições elementares, há L_n grupos possíveis de condições de verdade.

Os grupos de condições de verdade que pertencem às possibilidades de verdade de um número de proposições elementares podem ser organizados em uma série.

---

85. No original alemão, *Urteilsstrich* [N.T.].

4.46   Entre os grupos possíveis de condições de verdade, há dois casos extremos.

Em um caso, a proposição é verdadeira para toda e qualquer possibilidade de verdade das proposições elementares. Dizemos que as condições de verdade são *tautológicas*.

No segundo caso, a proposição é falsa para toda e qualquer possibilidade de verdade: as condições de verdade são *contraditórias*.

No primeiro caso, chamamos a proposição uma tautologia; no segundo caso, uma contradição.

4.461   A proposição indica o que ela afirma; a tautologia e a contradição, que nada afirmam.

A tautologia não possui nenhuma condição de verdade, pois ela é verdadeira incondicionalmente; e a contradição não é verdadeira sob condição alguma.

Tautologia e contradição são sem sentido.

(Como o ponto, do qual duas setas partem em oposições opostas uma à outra.)

(Não sei, por ex., nada sobre o clima, quando sei que chove ou que não chove.)

4.4611 Tautologia e contradição, porém, não são sem sentido; elas pertencem ao simbolismo e, de fato, de modo análogo a como o "0" [pertence] ao simbolismo da aritmética.

4.462 Tautologia e contradição não constituem imagens da realidade. Eles não representam nenhuma situação possível, pois aquela permite *toda* situação possível, esta, *nenhuma*.

Na tautologia, as condições de acordo com o mundo se anulam – as relações representacionais[86] –, de modo que elas não estão em relação representacional alguma com a realidade.

4.463 As condições de verdade determinam o campo de ação[87] que é deixado aos fatos pela proposição.

(A proposição, a imagem, o modelo, em um sentido negativo, são como um corpo sólido que limita a liberdade de movimento de outro; no sentido positivo, [são] como um espaço limitado por uma substância sólida, em que um corpo tem lugar.)

A tautologia permite à realidade que todo o espaço lógico – infinito – seja livre; a contradição preenche todo o espaço lógico e não deixa ponto algum para a realidade. Consequentemente, nenhuma delas é capaz de determinar, de qualquer maneira, a realidade.

---

86. No original alemão, *darstellenden*. [N.T.].

87. No original alemão, *Spielraum*. O termo também pode significar "alcance", "margem de manobra", "margem", "latitude" (figurativamente), "escopo", "liberdade de ação". Optamos pelo termo utilizado devido à ideia de limitação no trecho que segue esse período [N.T.].

4.464 A verdade da tautologia é certa, a da proposição é possível, a da contradição, impossível.

(Certo, possível, impossível: aqui, temos evidência daquela gradação de que precisamos na teoria da probabilidade.)

4.465 O produto lógico de uma tautologia e uma proposição dizem o mesmo que a proposição. Logo, esse produto é idêntico à proposição, pois não se pode modificar o essencial do símbolo sem que se altere seu sentido.

4.466 Uma determinada ligação lógica de signos corresponde a um nexo lógico determinado de seus significados: *qualquer* ligação corresponde apenas aos signos não conectados.

Isso significa que proposições que são verdadeiras para toda situação não podem ser, de modo algum, ligação entre signos, pois, senão, elas poderiam corresponder apenas a determinadas ligações de objetos.

(E nenhuma ligação lógica corresponde a conexão *alguma* de objetos.)

Tautologia e contradição são os casos-limite de ligação entre signos, vale dizer, sua solução.

4.4661 Certamente, também na tautologia e na contradição, os signos ainda estão ligados uns com os outros, isto é, eles estão em relação uns com os outros, mas essas relações são insignificantes, não essenciais ao *símbolo*.

4.5 Ora, parece ser possível indicar a forma mais geral da proposição; isso significa fornecer *alguma* linguagem designativa para a descrição das proposições, de modo que todo sentido possível possa ser expresso por meio de um símbolo que se adéque à descrição, e que todo símbolo que se adéque à descrição possa expressar um sentido, se os significados dos nomes tiverem sido escolhidos de maneira correspondente.

É claro que, na descrição da forma mais geral da proposição, *apenas* o seu essencial deve poder ser descrito – caso contrário, ela não seria a mais geral.

O fato de que existe uma forma mais geral da proposição é demonstrado pelo seguinte: que não deve haver proposição alguma cuja forma não pudesse ter sido antecipada (isto é, construída).

A forma geral da proposição é: ["]Ocorre assim e assim["].

4.51 Suponhamos que *todas* as proposições elementares me tenham sido dadas. Então simplesmente se pergunta quais proposições posso formar a partir delas. E essas são *todas* as proposições e, *então*, elas estão *delimitadas*.

4.52 As proposições são tudo o que segue da totalidade de todas as proposições elementares. (Naturalmente, também do fato de que são a *totalidade de tudo*.)

(Então poder-se-ia dizer, em certo sentido, que todas as proposições são generalizações das proposições elementares.)

4.53 A forma geral da proposição é uma variável.

5 A proposição é uma função de verdade das proposições elementares.

(A proposição elementar é uma função de verdade de si própria.)

5.01 As proposições elementares são os argumentos de verdade das proposições.

5.02 É comum confundir os argumentos de funções com os índices de nomes. Reconheço, tanto no argumento quanto no índice, o significado do signo que o contém. No "$+_c$" de Russel, por exemplo, "c" é um índice que indica que o todo do signo é um signo de adição para os números cardinais. Contudo, essa designação se baseia em uma convenção[88] arbitrária e se poderia, em vez de "$+_c$", também escolher um signo simples; mas em "~p", "p" não é um índice, mas um argumento: o sentido de "~p" *não pode* ser compreendido sem que, anteriormente, o sentido de "p" tivesse sido compreendido. (No nome "Júlio César", "Júlio" é um índice. O índice é sempre uma parte de uma descrição do objeto, cujo nome acrescentamos a ele. Por exemplo: *O* César a partir do gênero de Júlio.)

---

88. No original alemão, *Übereinkunft*. Essa palavra também pode significar "acordo", "compromisso", "arranjo", "barganha", entre outros sentidos [N.T.].

A confusão entre argumento e índice, se não estou errado, baseia-se na teoria de Frege sobre o significado de proposições e de funções. Para Frege, as proposições da lógica eram nomes, e seus argumentos, os índices desses nomes.

5.1 As funções da verdade podem ser organizadas em séries.

Esse é o fundamento da doutrina da probabilidade.

5.101 As funções de verdade de cada número de proposições elementares podem ser anotadas em um esquema do seguinte tipo:

(VVVV) (p,q)	Tautologia	(se p, então p; e, se q, então q.) [p⊃p, q⊃q][89]
(FVVV) (p,q)	em palavras: não ambos	p e q. [˜(p,q)]
(VFVV) (p,q)	" "	se q, então p. [q⊃p]
(VVFV) (p,q)	" "	se p, então q. [p⊃q]
(VVVF) (p,q)	" "	p ou q. [p∨q]
(FFVV) (p,q)	" "	não q. [~q]
(FVFV) (p,q)	" "	não p. [~p]
(FVVF) (p,q)	" "	p, ou q, mas não os dois. [p.~q:∨q.~p]
(VFFV) (p,q)	" "	se p, então q; e, se q, então p. [p≡q]
(VFVF) (p,q)	" "	p
(VVFF) (p,q)	" "	q
(FFFV) (p,q)	" "	nem p, nem q. [~p.~q] ou [p|q]
(FFVF) (p,q)	" "	p e não q. [p.~q]
(FVFF) (p,q)	" "	q e não p. [q.~p]
(VFFF) (p,q)	" "	p e q [p.q]
(FFFF) (p,q)	contradição	(p e não p; e q e não q.) [p.~p.q.~q]

---

89. Todos os colchetes aqui são do próprio Wittgenstein, e não intervenções do tradutor [N.T.].

Chamarei de *fundamentos de verdade*[90] aquelas possibilidades de verdade de seus argumentos de verdade que verificam a proposição.

5.11 Se os fundamentos de verdade que são comuns a um número de proposições forem, também, todos fundamentos de verdade de uma determinada proposição, então dizemos que a verdade dessa proposição *segue* da verdade daquelas proposições.

5.12 Em particular, a verdade de uma proposição "p" segue da verdade de outra "q", se todos os fundamentos de verdade da segunda são os fundamentos de verdade da primeira.

5.121 Os fundamentos de verdade desta estão contidos nos daquela; p segue de q.

5.122 P seguindo de p, então o sentido de "p" está contido no sentido de "q".

5.123 Se um Deus cria um mundo no qual certas proposições são verdadeiras, então, com isso, ele também já cria um mundo no qual todos os corolários[91] dessas são corretos. E, de modo semelhante, ele não poderia criar um mundo em que a proposição "p" fosse verdadeira sem criar todos os seus objetos.

5.124 A proposição afirma toda proposição que segue dela.

---

90. No original alemão, *Warheitsgründe* [N.T.].

91. No original alemão, *Folgesätze* [N.T.].

5.1241   "p.q" é uma das proposições que afirmam "p" e, simultaneamente, uma das proposições que afirmam "q".

Duas proposições são opostas uma à outra, se não há nenhuma proposição significativa que afirme as duas.

Toda proposição que contradiz a outra nega-a.

5.13   Aprendemos, da estrutura das proposições, que a verdade de uma proposição segue da verdade de outras proposições.

5.131   Se a verdade de uma proposição segue da verdade de outras, então isso se expressa por meio de certas relações em que as formas daquelas proposições estão umas com as outras; e, de fato, não precisamos colocá-las, em primeiro lugar, nessas relações ao mesmo tempo em que as associamos umas com as outras, mas essas relações são internas e existem assim que, e resultando do fato de que, essas proposições existem.

5.1311   Se concluímos "q" de "p∨q" e "~p", então a relação entre as formas das proposições "p∨q" e "~p" é oculta pelo modo de designar. Todavia, se escrevermos, por exemplo, em vez de "p∨q", "p|q.|.p|q" e, em vez de "~p", "p|q", (p|q = nem p, nem q), então o nexo interno se torna evidente.

(O fato de que se pode concluir (x)fx a partir de fa mostra que a generalidade também está preexistente no símbolo "(x).fx".)

5.1312   Se p segue de q, então posso concluir, de q, p; inferir p a partir de q.

O tipo de inferência só pode ser extraído a partir das duas proposições.

Apenas elas próprias podem justificar a inferência.

"Leis da inferência" que – como em Frege e em Russell – podem justificar que as conclusões são sem sentido e seriam supérfluas.

5.133   Todas as inferências[92] ocorrem *a priori*.

5.134   A partir de uma proposição elementar, não se infere nenhuma outra.

5.135   De modo algum, a partir da existência de qualquer situação, pode ser deduzida a existência de outra situação totalmente diferente da primeira.

5.136   Não existe um nexo causal que justifique tal conclusão.

5.1361   Não *podemos* deduzir os eventos do futuro a partir dos presentes.

A crença no nexo causal é a *superstição*[93].

5.1362   A liberdade da vontade consiste no fato de que ainda não se pode saber de ações futuras. Só poderíamos saber sobre elas se a causalidade fosse uma causalidade *interna*, como a da inferência lógica. O nexo entre saber e sabido é o da necessidade lógica.

---

92. No original alemão, *Folgern* [N.T.].

93. Há um trocadilho, no original alemão, entre crença (*Glaube*) e superstição (*Aberglaube*) [N.T.].

("A sabe que p é o caso" é sem sentido, se é uma tautologia.)

5.1363 Se, decorrente do fato de que uma proposição nos é clara, não *segue* que ela é verdadeira, então o esclarecer também não é justificação alguma para nossa crença em sua verdade.

5.14 Se uma proposição segue de outra, então esta diz mais do que aquela, e aquela diz menos do que esta.

5.141 Caso p siga de q e q siga de p, então elas são uma e a mesma proposição.

5.142 A tautologia segue de todas as proposições: ela não afirma nada.

5.143 A contradição é o elemento comum das proposições que *nenhuma* proposição tem em comum com outra. A tautologia é o elemento comum entre todas as proposições que não possuem nada em comum uma com a outra.

A contradição desaparece, por assim dizer, no exterior de todas as proposições, a tautologia, no interior [delas].

A contradição é o limite externo das proposições, a tautologia é seu centro privado de substância[94].

5.15 Se V_r é a quantidade de fundamentos de verdade da proposição "r", V_{rs} é a quantidade de fundamentos de verdade da proposição "s" que são, ao mesmo tempo, fundamentos de verdade de "r",

---

94. No original alemão, *substanzloser Mittelpunkt* [N.T.].

então chamamos a relação V_{rs}: V_r de a medida da *probabilidade* que a proposição "r" confere à proposição "s".

5.151 Suponhamos, em um esquema como o acima, em 5.101, Vr a quantidade de "V"s na proposição r; V_{rs}, a quantidade de "V"s na proposição s que estão em colunas iguais aos "V"s da proposição r. A proposição r, então, fornece à proposição s a probabilidade $V_{rs}:V_r$.

5.1511 Não há objeto especial nenhum que seja próprio às proposições de probabilidade.

5.1512 Chamamos ["]independentes umas das outras["] as proposições que não possuem nenhum argumento de verdade em comum umas com as outras.

Duas proposições elementares conferem uma à outra a probabilidade de ½.

P segue de q, então a proposição "q" fornece à proposição "p" a probabilidade de 1.

A certeza da inferência lógica é um caso-limite da probabilidade.

(Aplicação à tautologia e à contradição.)

5.153 Uma proposição não é, em si, nem provável nem improvável. Um evento ocorre, ou não ocorre, não havendo um meio termo.

5.154 Em uma urna, pode-se ver o mesmo número de esferas brancas e pretas (e nenhum outro tipo). Retiro uma esfera após a outra e as devolvo à urna. Então posso determinar, pela tentativa, que os números das esferas pretas e brancas retiradas se aproxima à medida que a retirada continua.

Isso, portanto, não é fato matemático algum.

Agora, se digo: é igualmente provável que eu retire uma esfera branca e uma esfera preta, então isso significa: todas as circunstâncias que me são conhecidas (inclusive as leis da natureza hipoteticamente supostas) não conferem ao acontecimento de um evento *mais* probabilidade do que o acontecimento de outro. Isso significa que cada um deles dá – como pode ser inferido facilmente a partir das explicações acima – a cada um a probabilidade de ½.

O que afirmo pela tentativa é que o acontecimento dos dois eventos independe das circunstâncias das quais não sei me aproximar.

5.155 A unidade das proposições de probabilidade é: as circunstâncias – que, de outro modo, não conheço mais a fundo – conferem à ocorrência de um determinado evento tal grau de probabilidade.

5.156 Então a probabilidade é uma generalização.

Ela envolve uma descrição geral de uma forma proposicional.

Apenas na ausência de certeza, necessitamos da probabilidade. De fato, se não conseguimos conhecer completamente um fato, mas sabemos *algo* sobre sua forma.

(Uma proposição, certamente, pode ser uma imagem incompleta de certa situação, mas é sempre *uma* imagem completa.)

A proposição de probabilidade é, por assim dizer, um extrato de outras proposições.

5.2 As estruturas das proposições estão em relações internas umas com as outras.

5.21 Consequentemente, podemos enfatizar essas relações internas em nosso modo de expressão, pois apresentamos uma proposição como resultado de uma operação que a produz a partir de outras proposições (as bases da operação).

5.22 A operação é a expressão de uma relação entre as estruturas de seu resultado e suas bases.

5.23 A operação é aquilo que deve ocorrer com uma proposição para fazer outras a partir dela.

5.231 E, naturalmente, isso depende de suas propriedades formais, da semelhança interna de suas formas.

5.232 A relação interna que organiza uma série é equivalente à operação mediante a qual um termo surge a partir do outro.

5.233 A operação, inicialmente, só pode surgir lá onde uma proposição surge de modo logicamente significativo a partir de outra. Portanto, lá onde a construção lógica da proposição se inicia.

5.234 As funções de verdade das proposições elementares são resultados de operações que possuem as proposições elementares como bases. (Chamo essas operações ["]operações de verdade["].)

5.2341 O sentido de uma função de verdade de p é uma função do sentido de p.

Negação, adição lógica, multiplicação lógica etc. etc. são operações.

(A negação inverte o sentido da proposição.)

5.24 A operação se indica em uma variável; ela indica como se pode chegar de uma forma de proposições a outra.

Ela exterioriza a diferença entre formas.

(E o elemento comum entre as bases e o resultado das operações consiste, precisamente, nas bases.)

5.241 A operação não designa forma alguma, mas apenas a distinção entre as formas.

5.242 A mesma operação que faz "q" a partir de "p" faz "r" a partir de "q" e assim por diante.

Isso pode ser expresso apenas pelo fato de que "p", "q", "r" etc. são variáveis que exprimem, de modo geral, relações formais.

5.25 A ocorrência da operação não caracteriza o sentido da proposição.

A operação não afirma nada, apenas seu resultado [o faz]; e isso depende das bases da operação.

(Operação e função não devem ser confundidas uma com a outra.)

5.251 Uma função não pode ser seu próprio argumento, mas o resultado de uma operação pode muito bem ser sua própria base.

5.252   Apenas dessa maneira o progresso de termo a termo em uma série formal (de tipo a tipo, na hierarquia de Russell e de Whitehead) é possível.

(Russell e Whitehead não admitiram a possibilidade desse progresso, mas fizeram uso dele repetidamente.)

5.2521 Chamo a aplicação contínua de uma operação a seu próprio resultado sua aplicação sucessiva. ("O'O'O'a" é o resultado da aplicação tripla sucessiva "O'ξ" a "a".)

Em um sentido semelhante, falo da aplicação sucessiva de várias operações a uma quantidade de proposições.

5.2522 Portanto, escrevo da seguinte maneira o termo geral de uma série formal a: O'a, O'O'a,...: "[a,x,O'x]^{95}". Essa expressão entre colchetes é uma variável. O primeiro termo da expressão entre colchetes é o início da série formal, o segundo é a forma de um termo arbitrário x da série, e o terceiro, a forma daquele termo da série que segue imediatamente após x.

5.2523 O conceito de aplicação sucessiva da operação é equivalente ao conceito "e assim por diante".

5.253   Uma operação pode anular o efeito de outra.

Operações podem anular uma à outra.

---

95. Esse colchete é de Wittgenstein, e não uma intervenção do tradutor [N.T.].

5.254	As operações podem desaparecer. (Por exemplo, a negação em "~~p"; ~~p = p.)
5.3	Todas as proposições são resultados de operações de verdade com as proposições elementares.

A operação de verdade é a maneira como a função de verdade surge a partir das proposições elementares.

Segundo a essência da operação de verdade, do mesmo modo que, a partir de proposições elementares, [surge] sua função de verdade, a partir das funções de verdade, surge uma nova. Toda operação de verdade gera, a partir de funções de verdade das proposições elementares, outra função de verdade de proposições elementares, uma proposição. O resultado de toda operação de verdade com os resultados de operações de verdades com proposições elementares é, novamente, o resultado de *uma* operação de verdade com proposições elementares.

Toda proposição é o resultado de operações de verdade com proposições elementares.

5.31	Os esquemas em 4.31, então, também possuem um significado, se "p", "q", "r" etc. não forem proposições elementares.

E é fácil ver que o signo proposicional em 4.442, ainda que "p" e "q" sejam funções de proposições elementares, expressa uma função de verdade de proposições elementares.

5.32   Todas as funções de verdade são resultados da aplicação sucessiva de uma quantidade finita de operações de verdade às proposições elementares.

5.4   Aqui se indica que não há "objetos lógicos", "constantes lógicas" (no sentido de Frege e de Russell.)

5.41   Pois todos os resultados de operações de verdade são idênticos a funções de verdade, que são uma e a mesma função de verdade de proposições elementares.

5.42   O fato de que ∨, ⊃ etc. não são relações no sentido de direita e esquerda etc. é evidente.

A possibilidade de uma definição cruzada do "signo primordial" lógico de Frege e de Russell já indica que esse não é signo primordial algum e, sobretudo, que eles não designam relação nenhuma.

E é manifesto que o "⊃", que definimos por "~" e por "v", é idêntico àquilo pelo que definimos ⊃ "v" com "~", e que esse "v" é idêntico ao primeiro. E assim por diante.

5.43   O fato de que, a partir de um fato p, infinitamente muitos *outros* devam seguir, isto é: ~~p, ~~~~p etc., é algo em que dificilmente se acredita inicialmente.

E não menos extraordinário é o fato de que a quantidade infinita de proposições de lógica (da matemática) segue de meia dúzia de "leis fundamentais".

Todas as proposições da lógica dizem, porém, o mesmo. Ou seja, nada.

5.44   As funções de verdade não são funções materiais algumas.

Por exemplo, caso se possa gerar uma afirmação por meio de dupla negação, a negação – em qualquer sentido – está contida na negação? "~~p" nega ~p ou afirma p ou ambas as coisas?

A proposição "~~p" não lida com a negação como [lida] com um objeto; porém a possibilidade da negação já está pré-julgada[96] na afirmação.

E, se houvesse um objeto que se chamasse "~", então "~~p" deveria dizer algo diferente de "p", pois uma proposição, então, trataria precisamente de "~p", a outra, não.

5.441   Esse desaparecer das constantes aparentemente lógicas também ocorre, quando "~(∃x).~fx" afirma o mesmo que "(x). fx", ou "(∃x).fx.x = a", o mesmo que "fa".

5.442   Se uma proposição nos é dada, então *com ela* também já estão dados os resultados de todas as operações de verdade que a têm como sua base.

5.45   Se há signos primordiais lógicos, então uma lógica correta deve tornar claras as posições deles uns em relação aos outros e justificar a existência deles.

5.451   Se a lógica possui conceitos fundamentais, então eles devem ser independentes uns dos outros. Se um conceito fundamental é introduzido, então ele deve ser

---

96. No original alemão, *präjudiziert*. O sentido, aqui, é distinto de 2.012 [N.T.].

introduzido em todas as associações em que ele ocorre. Não se pode introduzi-lo, inicialmente, para *uma* associação e, então, mais uma vez para outra. Por exemplo: se a negação é introduzida, então já devemos compreendê-la tanto nas proposições da forma "~p" quanto nas proposições como "~(p∨q)", "(∃x).~fx", entre outras. Não devemos introduzi-las somente em uma classe de casos, depois em outra, pois, então, ficaria duvidoso se seu significado seria o mesmo nos dois casos e não seria dada razão alguma para utilizar, nos dois casos, o mesmo tipo de associação entre signos[97].

(Em suma, para a introdução de signos primordiais vale, *mutatis mutandis*[98], o mesmo que Frege (*Grundgesetze der Arithmetik* ["Leis fundamentais da aritmética"]) disse sobre a introdução de signos por meio de definições.)

5.452   A introdução de uma nova solução provisória no simbolismo da lógica deve sempre ser um evento com graves consequências. Nenhuma nova solução provisória deve ser introduzida na lógica entre parênteses ou no rodapé – por assim dizer, com uma aparência de pura inocência.

(Assim, nos *Principia Mathematica* ["Princípios matemáticos] de Russel e de Whitehead, definições e leis fundamentais aparecem em

---

97. No original alemão, *Zeichenverbindung* [N.T.].

98. Expressão em latim, no original [N.T.].

palavras. Por que, aqui, subitamente palavras? Isso precisaria de uma justificação. Esta falta e deve faltar, pois o avanço, de fato, não é autorizado.

Porém, se a introdução de uma nova solução provisória tiver se mostrado necessária em algum lugar, então agora se deve perguntar, imediatamente: ora, onde essa solução provisória será *sempre* usada? Sua posição na lógica deve, agora, ser explicada.

5.453 Todos os números da lógica devem ser passíveis de justificativa.

Ou, antes: deve-se sublinhar que, na lógica, não há número algum.

Não há nenhum número distinto.

5.454 Na lógica, não há justaposição alguma, não pode haver classificação nenhuma.

Na lógica, não pode haver mais geral e nem mais especial.

5.4541 As soluções para os problemas lógicos devem ser simples, pois elas estabelecem o padrão de simplicidade.

As pessoas sempre desconfiaram de que deve haver uma região de questões, as respostas para as quais – *a priori* – estão unidas simetricamente e organizadas uma em relação à outra em formas regulares.

Uma região na qual vale a proposição: *Simplex sigillum veri*[99].

---

99. Expressão em latim, no original. Essa expressão significa, segundo Kienzler (2022, p. 104), "Simplicidade é o emblema dos verdadeiros", expressão idiomática disseminada e muitas vezes presente na obra de Arthur Schopenhauer (1788-1860). Sobre

5.46   Quando se introduz corretamente o signo lógico, então, com isso, já se introduziu, também, o sentido de todas as suas combinações; portanto, não apenas "p∨q", mas também já "~(p∨~q)" etc. etc.[100]. Por esse motivo, também já se deveria ter introduzido, também o efeito de todas as combinações apenas possíveis de parênteses. E, com isso, também se tornaria claro que os signos primordiais gerais autênticos não são "p∨q", "(∃x).fx" etc., mas a forma geral de suas combinações.

5.461   É relevante o fato aparentemente insignificante de que as relações aparentes[101], como ∨ e ⊃ precisam de parênteses – diferentemente das relações reais.

O uso de parênteses com aqueles signos primordiais aparentes já sugere que esses não são os signos primordiais reais. E, ademais, ninguém acredita que os parênteses possuem um significado autônomo.

5.4611   Os signos de operação lógica são pontuações.

5.47   É claro que tudo o que, em geral, *a priori* se pode dizer sobre a forma de todas as proposições deve ser dito *de uma vez*.

Todas as operações lógicas já estão contidas nas proposições elementares, pois "fa" diz o mesmo que "(∃x).fx.x".

---

a influência de Schopenhauer em Wittgenstein cf. Janik e Toulmin (1973, p. 74; 123-125; 150-157) e Pinto (1998, p. 55-60) [N.T.].

100. Repetição no original alemão [N.T.].

101. No original alemão, *Scheinbeziehungen*. Uma alternativa possível seria "relações ilusórias" [N.T.].

Onde existe a complexidade, há argumento e função, e, onde essas existem, já estão todas as constantes lógicas.

Poder-se-ia dizer: a única constante lógica é aquilo que *todas* as proposições, segundo sua natureza, possuem em comum umas com as outras.

Isso, porém, é a forma geral da proposição.

5.471   A forma geral da proposição é a essência da proposição.

5.4711   Especificar a essência da proposição significa especificar a essência de toda a descrição – portanto, a essência do mundo.

5.472   A descrição da forma geral da proposição é a descrição do único signo primordial geral da lógica.

5.473   A lógica deve cuidar de si mesma.

Um signo *possível* deve, também, poder designar. Tudo o que é possível na lógica também é permitido. ("Sócrates é idêntico", portanto, não significa nada, pois não há nenhuma propriedade que significa "idêntica". A proposição é sem sentido porque não encontramos uma determinação arbitrária, mas não devido ao fato de que o símbolo foi, em si e por si, ilegítimo.)

Não podemos, em certo sentido, não fazer erros na lógica.

5.4731   O evidenciar[102], de que Russell tanto falou, só pode se tornar supérfluo na lógica

---

102. No original alemão, *Das Einleuchten*. O termo transmite a ideia de "ser claro", "ser manifesto", "fazer sentido",

como consequência de que, na própria linguagem, todos os erros lógicos sejam prevenidos. O fato de que a lógica é *a priori* consiste no fato de que nada alógico *pode* ser pensado.

5.4732 Não podemos dar a um signo o sentido errado.

5.47321 A Navalha de Ockham, naturalmente, não é uma regra arbitrária, ou justificada por seu sucesso prático: ela afirma que unidades de signos *desnecessárias* não significam nada.

Signos que cumprem *um* propósito são equivalentes lógicos; signos que não cumprem *nenhum* propósito são logicamente sem sentido.

5.4733 Frege disse: "Toda proposição formada legitimamente deve possuir um sentido"; e digo: "Toda proposição possível é formada legitimamente, e, se ela não possui sentido algum, isso só pode se dever ao fato de que não *conferimos* significado nenhum a alguns de seus componentes". (Ainda que acreditemos tê-lo feito.)

Então, por esse motivo, "Sócrates é idêntico" não diz nada, pois não conferimos significado algum com a palavra "idêntico" como *adjetivo*, uma vez que, se ela ocorre como signo de igualdade, então

---

"ser óbvio". Ogden usa *self-evidence* ("autoevidência"), que provavelmente é o mais próximo do que Russell utiliza. Porém, optamos pela tradução acima por estarmos traduzindo do alemão, e não do inglês. Santos traduz por "a evidência". [N.T.].

ela simboliza de maneira totalmente outra – a relação designativa é outra –, portanto, também o símbolo é totalmente diverso nos dois casos; os dois símbolos possuem o signo em comum um com o outro apenas acidentalmente.

5.474 A quantidade de operações fundamentais necessárias depende apenas de nossa notação.

5.475 Depende apenas de se formar um sistema de signos de um determinado número de dimensões – de uma determinada multiplicidade matemática.

5.476 É claro que não se trata, aqui, de uma *quantidade de conceitos fundamentais*, que devem poder ser designados, mas da expressão de uma regra.

5.5 Toda função de verdade é um resultado da aplicação sucessiva da operação (- - - - - W) (ξ,.....) a proposições elementares.

Essa operação nega toda e qualquer proposição no parêntese direito e a chamo a negação dessas proposições.

5.501 Indico uma expressão entre parênteses, cujos termos são proposições – se a sucessão dos termos nos parênteses é indiferente –, por um signo da forma "($\bar{\xi}$)". "($\bar{\xi}$)"é uma variável cujo valor consiste nos membros da expressão entre parênteses; e a linha acima da variável indica que ela representa todos os seus valores nos parênteses.

(Portanto, se ξ, por exemplo, possui os três valores, p, q, r, então $(\bar{\xi}) = (p,q,r)$.)

Os valores das variáveis serão estabelecidos.

A fixação é a descrição das proposições que a variável representa.

Como a descrição dos termos da expressão nos parênteses ocorre não é essencial.

Poderíamos diferenciar três tipos de descrição: (1) A enumeração direta. Nesse caso, poderíamos pôr, em vez das variáveis, simplesmente seus valores constantes. (2) A especificação de uma função fx, cujos valores são, para todos os valores de x, as proposições a descrever. (3) A especificação de uma lei formal, segundo a qual todas as proposições são formadas. Nesse caso, os termos das expressões entre parênteses são termos gerais de uma série formal.

5.502 Portanto, em vez de "$(- - - - - W)(\xi,.....)$", escrevo "$N(\bar{\xi})$".

$(\bar{\xi})$ é a negação do todo dos valores da variável proposicional ξ.

5.503 Uma vez que se pode expressar facilmente como, com essa operação, proposições podem ser formadas e como, com ela, não se formar proposições, então também isso deve poder encontrar uma expressão exata.

5.51 Se ξ possui apenas um valor, então $N(\bar{\xi})$ $=\sim p$ (não p); se ele possui dois valores, então $N(\bar{\xi}) =\sim p.\sim q$ (nem p, nem q).

5.511 Como pode a lógica omniabrangente, que reflete o mundo, precisar de tantos cabides especiais e de manipulações? Apenas à medida que todos esses se concatenam a uma rede infinitamente fina, ao grande espelho.

5.512 "~p" é verdadeira, se "p" é falsa. Logo, na proposição verdadeira "~p", "p" é uma proposição falsa. Ora, como pode o traço "~" levá-la a um acordo com a realidade?

Aquilo que é negado em "~p", porém, não é "~", mas sim aquilo que é comum a todos os signos dessa notação que negam p.

Logo, a regra comum segundo a qual "~p", "~~~p", "~p∨~p", "~p. ~p" etc. etc. (*ad infinitum*) são formadas. E a negação espelha, novamente, esse elemento comum.

5.513 Poder-se-ia dizer: o elemento comum a todos os símbolos, que afirmam tanto p quanto q, é a proposição "p.q". O elemento comum a todos os símbolos, que afirmam p ou q, é a proposição "p∨q".

E, então, pode-se dizer: duas proposições são opostas uma à outra quando elas não possuem nada em comum uma com a outra, e: cada proposição possui apenas uma negativa, porque só existe uma proposição que está inteiramente fora dela.

Logo, indica-se também na notação de Russell, que "q:p∨~p" diz o mesmo que "q". Que "p∨~p" não diz nada.

5.514 Se uma notação estiver determinada, então nela há uma regra segundo a qual todas as proposições que negam p são formadas, uma regra segundo a qual todas as proposições que afirmam p são formadas, uma regra de acordo com a qual todas as proposições que afirmam p ou q são formadas, e assim por diante. Essas regras são equivalentes aos símbolos e se refletem no sentido deles.

5.515 Deve ser indicado, em nossos símbolos, que aquilo que se liga um com o outro por "∨", "." etc. deve ser proposição.

E isso também é o caso porque símbolos "p" e "q" pressupõem "∨", "~" etc. Se o signo "p" em "p∨q" não corresponde a um símbolo complexo, então por si só ele não pode ter sentido; mas, então, tampouco os signos de sentido semelhante a "p∨p" "p.p" etc. terão sentido. Todavia, se "p∨p" não possui sentido nenhum, então, tampouco, "p∨q" pode ter sentido algum.

5.5151 O signo da proposição negativa deve ser formado com o signo da positiva? Por que a proposição negativa não deveria poder ser expressa por um fato negativo[?] (Por exemplo: se "a" não está em uma determinada relação com "b", isso não poderia expressar que "aRb" não é o caso.)

Porém, também aqui, a proposição negativa é formada indiretamente mediante a positiva.

A *proposição* positiva deve pressupor a existência da *proposição* negativa, e vice-versa.

5.52   Se os valores de ξ forem a soma dos valores de uma função fx para todos os valores de x, então $N(\bar{\xi}) = {\sim}(\exists x).fx$.

5.521   Separo o conceito *inteiro* da função de verdade.

Frege e Russell introduziram a generalidade em associação com o produto lógico ou a soma lógica. Então seria difícil compreender as proposições "$(\exists x).fx$." e "$(x).fx$", nas quais as duas ideias estão resolvidas.

5.522   O aspecto peculiar da designação de generalidade é, em primeiro lugar, que ela indica um protótipo lógico e, em segundo lugar, que ela enfatiza a constante.

5.523   A designação de generalidade ocorre como argumento.

5.524   Se os objetos são dados, então, com isso, também já nos são dados *todos* os objetos.

Se as proposições elementares são dadas, então, com isso, também nos são dadas *todas* as proposições elementares.

5.525   É incorreto reproduzir a expressão "$(\exists x).fx$" – como fez Russell – em palavras, por "fx é *possível*".

Certeza, possibilidade ou impossibilidade de uma situação não se expressa por uma proposição, mas sim pelo fato de que uma expressão é uma tautologia, uma proposição significativa ou uma contradição.

Aquele precedente a que sempre se gostaria de apelar já deve estar no próprio símbolo.

5.526   Pode-se descrever o mundo completamente por meio de proposições completamente generalizadas; isso significa, portanto, sem atribuir desde o princípio nome algum a um determinado objeto.

Para chegar ao modo ordinário de expressão, deve-se simplesmente dizer, segundo uma expressão "existe um, e apenas um x, que...": e esse x é a.

5.5261   Uma expressão completamente generalizada é, como toda outra proposição, composta. (Isso é indicado pelo fato de que nós, em "(]x,f).fx", devemos mencionar "f" e "x" separados. Ambos permanecem independentes nas relações designativas com o mundo como em uma proposição não generalizante.

Um atributo do símbolo composto: ele possui algo em comum com *outros* símbolos.

5.5262   A verdade ou falsidade de *toda* proposição muda algo na construção[103] geral do mundo. E o campo de ação que é permitido à sua construção pela totalidade de proposições elementares é, precisamente, aquele que delimita o todo de proposições gerais.

---

103. No original alemão, *Bau*. O termo também pode significar "construção", "edifício", "tecido" (no sentido fisiológico), "estrutura", entre outros [N.T.].

(Se a proposição elementar é verdadeira, então, com isso, ao menos mais uma proposição elementar é verdadeira.)

5.53 Expresso a igualdade do objeto pela igualdade do signo, e não com ajuda de um signo de igualdade. Diferença de objetos[, por sua vez, expresso] pela diferença dos signos.

5.5301 É evidente que a identidade não é relação nenhuma entre objetos.

Isso está muito claro quando se considera, por exemplo, a proposição "(x):fx.⊃.x = a". O que essa proposição diz é simplesmente que *apenas* "a" satisfaz a função "f", e não que apenas tais coisas satisfazem a função "f", que possui certa relação com "a".

Ora, poder-se-ia dizer, com certeza, que precisamente *apenas* "a" tem essa relação com "a", mas, para expressar isso, precisaríamos do próprio signo de igualdade.

5.5302 A definição de Russell de "=" não satisfaz; pois, segundo ele, não se pode dizer que dois objetos possuem todas as propriedades em comum. (Ainda que essa proposição não diga nada, não obstante ela possui *sentido*.)

5.5303 Diga-se de passagem: é um desarrazoamento falar, sobre *duas* coisas, que elas são idênticas, e falar, a respeito de *uma* coisa, que ela é idêntica com ela própria não diz simplesmente nada.

5.531   Portanto, não escrevo "f(a.b).a = b", mas sim "f(a,a)" [ou "f(b,b)"][104].

E não "f(a,b).a ≠ b", mas sim "f(a,b)".

5.532   E, de modo análogo:

Não "(∃x,y).f(x,y).x = y", mas "(∃x).f(x,x)"; e não "(∃x,y).f(x,y).x ≠ y", mas "(∃x,y). f(x,y)". (Logo, em vez do "(∃x,y).f(x,y)" de Russell: "(∃x,y).f(x,y).∨. (∃x,y).f(x,x)".)

5.5321   Em vez de "(x):fx.⊃.x = a", portanto, escrevemos, por exemplo, "(∃x).fx.⊃.fa: ∼(∃x,y).fx.fy".

E se lê a proposição "apenas um x satisfaz f": "(∃x).fx:∼(∃x,y).fx.fy".

5.533   Portanto, o sinal de igualdade não é elemento essencial da notação conceitual.

5.534   E agora, vemos que proposições aparentes como: "a = a", "a = b.b = c.⊃.a = c", "(x).x = x", "(∃x).x = a" etc.

5.535   Com isso, todos os problemas que estavam amarrados a tais proposições aparentes são resolvidos.

Todos os problemas que o "axioma de infinidade"[105] de Russel traz consigo já se resolvem aqui.

Aquilo que o axioma de infinidade deveria dizer seria expresso na linguagem pelo fato de que há infinitamente muitos nomes com significados distintos.

---

104. Colchetes de Wittgenstein, não do tradutor [N.T.].

105. Em inglês, no texto original: *Axiom of infinity*. Isso é repetido no parágrafo seguinte [N.T.].

5.5351   Há certos casos em que se cai na tentação de utilizar proposições da forma "a = a" ou "p⊃p", entre outras. E, de fato, isso ocorre quando se quer falar do protótipo: proposição, coisa etc. Então Russell, nos *Princípios da matemática*[106], relatou o absurdo "p é uma proposição" com símbolos, mediante "p⊃p" e a utilizou como hipótese antes de certas proposições, para que seus lugares para argumentos só pudessem ser ocupados por proposições.

(Portanto, já é um absurdo colocar a hipótese p⊃p antes de uma proposição, para assegurar a ela argumentos da forma correta, uma vez que a hipótese para uma não proposição como argumento não é falsa, mas sem sentido, e devido ao fato de que a própria proposição se torna sem sentido pelo tipo incorreto de argumentos. Portanto, ela própria preservada, igualmente bem ou mal, dos argumentos incorretos, como da hipótese sem sentido anexada para esse propósito.)

5.5352   Da mesma forma, poder-se-ia expressar "não existem *coisas*" por "~(∃x).x = x". Porém, ainda que isso fosse uma proposição, ela também não seria verdadeira se de fato "houvesse coisas", mas essas não fossem idênticas com elas próprias?

---

106. No original, *Principles of Mathematics*, obra escrita por Russell em 1903, distinta dos *Principia Mathematica* de Russell e Whitehead [N.T.].

5.54 Na forma geral da proposição, a proposição acontece na proposição apenas como base das operações de verdade.

5.541 À primeira vista, parece que uma proposição poderia ocorrer em outra, também, de outro modo.

Particularmente em certas formas de proposição da psicologia, como "A acredita que p é o caso", ou "A pensa p" etc.

Aqui, de fato aparece superficialmente, como [se] tivesse a proposição p algum tipo de relação com um objeto A.

(E, nas teorias modernas do conhecimento (Russell, Moore etc.), aquelas proposições também foram apreendidas dessa maneira.)

5.542 Todavia, é claro que "A acredita que p", "A pensa p" e "A diz p" são da forma "'p' diz p": e, aqui, não se trata de uma alocação de um fato e de um objeto, mas da alocação de fatos mediante a alocação de seus objetos.

5.5421 Isso também indica que a alma, o sujeito etc. – assim ele é compreendido na psicologia superficial da atualidade – é um absurdo[107].

Uma alma composta, certamente, não seria mais uma alma.

---

107. No original alemão, *Unding*, literalmente, uma "não coisa" [N.T.].

5.5422 A explicação correta da forma da proposição "A julga p" deve indicar que é impossível julgar um desarrazoado. (A teoria de Russel não satisfaz essa condição.)

5.5423 Perceber um complexo significa perceber que seus componentes se relacionam desta ou daquela maneira.

Isso explica bem, também, por que a figura

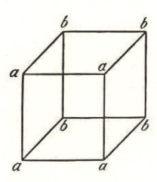

pode ser vista de dois tipos diferentes, como cubo; e todos os fenômenos semelhantes, pois vimos, precisamente e na realidade, dois fatos diferentes.

(Se vejo, primeiro, os ângulos "a" e, apenas superficialmente, "b", então "a" aparece na frente; e vice-versa.)

5.55 Agora devemos responder à pergunta sobre todas as formas possíveis das proposições elementares *a priori*.

As proposições elementares consistem em nomes. Porém, como não fornecemos a quantidade de nomes de diferente significado, então também não poderíamos fornecer também a composição da proposição elementar.

5.551 Nossa proposição elementar é de que cada questão que pode vir a ser decidida pela lógica pode ser decidida sem mais problemas.

(E, se chegarmos a um caso em que devemos responder a tal problema pela contemplação do mundo, então isso indica que estamos subindo uma escada totalmente errada.)

5.552 A "experiência" de que precisamos para compreender a lógica não é a que se porta desta ou daquela maneira, mas a de que algo é; mas isso não é precisamente *nenhuma* experiência.

A lógica é *anterior* a toda experiência – ao fato de que algo é *assim*.

Ela é anterior ao como, não anterior ao quê.

5.5521 E, se isso não fosse assim, como poderíamos aplicar a lógica? Poder-se-ia dizer: se houvesse uma lógica, ainda que não houvesse mundo, como poderia, então, existir uma lógica, uma vez que há um mundo[?]

5.553 Russell disse que havia relações simples entre diferentes quantidades de coisas (indivíduos[108]). Porém, entre quais quantidades? E como isso deveria ser decidido pela experiência?

---

108. Em inglês, no original, com capitalização supérflua: *Individuals* [N.T.].

(Não existe um número preeminente.)

5.554 A especificação de cada forma especial seria completamente arbitrária.

5.5541 Deve ser possível declarar *a priori* se posso, por exemplo, chegar a uma situação em que devo indicar algo com os signos de uma relação com vinte e sete termos.

5.5542 Porém, deveríamos sequer perguntar isso? Poderíamos estabelecer uma forma do signo e não saber se algo poderia corresponder a ela?

A [seguinte] questão faz sentido[?] O que deve *ser*, para que algo possa ser o caso?

5.555 É claro que temos um conceito a partir da proposição elementar, separado de sua forma lógica particular.

Todavia, onde se podem formar símbolos segundo um sistema, lá esse sistema é o logicamente importante, e não os símbolos individuais.

E como, além disso, seria possível que eu me ocupasse, na lógica, com formas que simplesmente posso inventar; na verdade, devo me ocupar com o que me torna possível inventá-los.

5.556 Não pode haver uma hierarquia de formas das proposições elementares.

5.5561 A realidade empírica é delimitada pela totalidade dos objetos.

Os limites se mostram, novamente, na totalidade de proposições elementares.

As hierarquias são e devem ser independentes da realidade.

5.5562 Se soubermos, a partir de motivos puramente lógicos, que deve haver proposições elementares, então todos que compreendem as proposições em sua forma não analisada devem saber disso.

5.5563 Todas as proposições de nossa linguagem ordinária são factuais, assim como elas são perfeitamente organizadas logicamente. Aquele elemento mais simples que deveríamos afirmar aqui não é um símile da verdade, mas a própria verdade completa.

(Nossos problemas não são abstratos, mas, talvez, os mais concretos que existem.)

5.557 A *aplicação* da lógica decide a respeito de quais proposições elementares existem.

O que está na aplicação, a lógica não pode antecipar.

Isto é claro: não é permitido à lógica colidir com sua aplicação.

Porém, a lógica deve convergir com sua aplicação.

Portanto, não é permitido à lógica e à sua aplicação que se sobreponham.

5.5571 Se não posso conceder as proposições elementares da lógica *a priori*, então querer fornecê-las deve conduzir a um evidente contrassenso.

5.6 *Os limites de minha linguagem* significam os limites de meu mundo.

5.61 A lógica preenche o mundo; os limites do mundo, portanto, também são meus limites.

Portanto, na lógica não podemos dizer: isso e isso existe no mundo, aquilo não.

Isso, de fato, seria aparentemente pressupor que excluímos certas possibilidades, e isso não pode ser o caso, uma vez que, de outro modo, a lógica deve estar acima dos limites do mundo; isto é, se ela também pudesse considerar esse limite a partir do outro lado.

O que não podemos pensar, aquilo não podemos pensar: portanto, também não podemos *dizer* aquilo que não podemos pensar.

5.62 Essa observação fornece a solução à decisão pela pergunta sobre em que medida o solipsismo é uma verdade.

Certamente, o que o solipsismo *quer dizer* é totalmente correto, mas ele apenas não pode ser *dito*, somente se indica.

O fato de que o mundo é *meu* mundo se indica no fato de que os limites *da* linguagem (da linguagem que apenas compreendo) significam os limites de *meu* mundo.

5.621 O mundo e a vida são um.

5.63 Sou meu mundo (o microcosmo).

5.631 Não existe o sujeito pensante, representante.

Se escrevo um livro *O mundo como o encontrei*, então nele eu também teria de relatar sobre meu corpo e falar sobre quais membros estão subordinados à minha vontade e quais não etc. De fato, isso é um método de isolar o sujeito ou, antes, de indicar que não há nenhum sujeito, em um sentido importante; contudo, nesse livro, certamente, falar dele *não* seria o caso.

5.632 O sujeito não pertence ao mundo, mas ele é um limite do mundo.

5.633 Onde *no* mundo deve-se perceber um sujeito metafísico?

Disseste que ele se relaciona aqui totalmente como o olho e o campo visual. Porém, tu *não* vês realmente o olho.

E, em consequência disso, nada no *campo visual* permite inferir que ele é visto por um olho.

5.6331 Vale dizer, o campo visual não possui, por exemplo, tal forma?

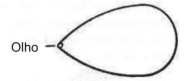

5.634 Isso está associado com o fato de que nenhuma parte de nossa experiência é *a priori*.

Tudo o que vemos poderia, também, ser de outro modo.

Tudo o que, em geral, podemos descrever poderia, também, ser de outra maneira.

Não existe nenhum arranjo *a priori* das coisas.

5.64 Aqui se vê que o solipsismo, levado a sério, coincide com o puro realismo. O eu do solipsismo encolhe a um ponto sem extensão e, lá, permanece a realidade coordenada com ele.

5.641 Portanto, há realmente um sentido no qual se pode falar do eu na filosofia de maneira não psicológica.

O eu filosófico não é o ser humano nem o corpo humano nem a alma humana, da qual a psicologia trata, mas o sujeito metafísico, o limite – não uma parte – do mundo.

6 A forma geral da função de verdade é $[\bar{p}\,\bar{\xi}N(\bar{\xi})]$[109].

Essa é a forma geral da proposição.

6.001 Isso não diz outra coisa além do fato de que toda proposição é o resultado de aplicação sucessiva da operação $N'(\bar{\xi})$ às proposições elementares.

6.002 Se é dada a forma geral como uma proposição é formada, então, com isso, também já é dada a forma geral de como,

---

109. Colchetes de Wittgenstein, não do tradutor [N.T.].

mediante uma operação, uma proposição pode ser gerada a partir de outra.

6.01 A forma geral da operação $\Omega'(\bar{\eta})$, portanto, é: $[(\bar{\xi}), N(\bar{\xi})]'(\bar{\eta}) = ([\bar{\eta}, \bar{\xi}, N(\bar{\xi})])$

Isso é a forma mais geral de transição de uma proposição à outra.

6.02 E, *então*, chegamos aos números: defino

$x = \Omega^{0'}x$ Def. e

$\Omega' \ \Omega^{v'}x = \ \Omega^{v+1'}$ Def.

De acordo com essas regras designativas, portanto, escrevemos a série

$X, \Omega'x, \ \Omega' \ \Omega'x, \ \Omega' \ \Omega' \ \Omega'x, \ ... \ ...$

Então: $\Omega^{0'}x, \ \Omega^{\ 0+1'}x, \ \Omega^{\ 0+1+1'}x, \ \Omega^{\ 0+1+1+1'}x,$

... ...

Logo, escrevo, em vez de "$[x, \xi, \Omega'\xi]$",

"$[\Omega^{0'}x, \ \Omega^{v'}x, \ \Omega^{v+1'}x]$".

E defino:

$0 + 1 = 1$ Def.

$0 + 1 + 1 = 2$ Def.

$0 + 1 + 1 + 1 = 3$ Def.

(e assim por diante).

6.021 O número é o exponente de uma operação.

6.022 O conceito de número não é nada além do elemento comum a todos os números, da forma geral do número.

O conceito de número é a variável ["] número["].

E o conceito de igualdade de números é a forma geral de todas as igualdades especiais de números.

6.03 A fórmula geral do número inteiro é:
$$[0,\xi,\xi +1]$$

6.031 A teoria das classes é totalmente superficial na matemática.

Isso se vincula, então, ao fato de que a generalidade, de que precisamos na matemática, não é a *acidental*.

6.1 As proposições da lógica são tautologias.

6.11 As proposições da lógica, portanto, não dizem nada. (Elas são as proposições analíticas.)

6.111 Teorias que fazem uma proposição da lógica parecer rica em conteúdo[110] são sempre falsas. Poder-se-ia, por exemplo, acreditar que as palavras "verdadeiro" e "falso" designam duas propriedades entre outras e, então, aparece como um fato memorável que toda proposição possui uma dessas propriedades. Ora, isso não parece menos que autoevidente, assim como soaria pouco autoevidente, por exemplo, a proposição "todas as rosas são ou amarelas ou vermelhas", ainda que ela fosse verdadeira. Sim, aquela proposição recebe, agora o caráter de uma proposição de ciência natural e isso é o indicativo mais seguro de que ela foi compreendida falsamente.

6.112 A explicação correta das proposições lógicas deve fornecer a elas uma posição única entre todas as proposições.

---

110. No original alemão, *gehaltvoll* [N.T.].

6.113   É o atributo particular das proposições da lógica que se possa reconhecer apenas no símbolo que elas são verdadeiras, e esse fato contém em si toda a filosofia da lógica. E, então, também é um dos fatos mais importantes que a verdade ou a falsidade das proposições não lógicas *não* pode ser reconhecida apenas na proposição.

6.12   O fato de que as proposições da lógica são tautologias é *indicado* pelas propriedades lógicas – formais – da linguagem, do mundo.

O fato de que seus componentes revelam uma tautologia *tão* concatenada, isso caracteriza a lógica de seus componentes.

Para que proposições concatenadas de certa maneira resultem em uma tautologia, elas devem ter determinadas propriedades da estrutura. O fato de que elas resultam em uma tautologia [quando] *assim* ligadas indica, portanto, que elas possuem essas propriedades de estrutura.

6.1201   O fato de que, por exemplo, as proposições "p" e "~p", na associação "~p(p.~p)", resultam em uma tautologia indica que elas se contradizem. O fato de que as proposições "p⊃q", "p" e "q", ligadas uma com a outra na forma "(p⊃ q).(p): ⊃:(q)", resultam em uma tautologia indica que q segue de p e de p⊃q. O fato de que a proposição "(x).fx: ⊃:fa" é uma tautologia indica que fa segue de (x).fx etc. etc.

6.1202 É claro que se poderia ter empregado, em vez das tautologias, também as contradições para o mesmo propósito.

6.1203 Para reconhecer uma tautologia como tal, pode-se servir dos seguintes métodos ilustrativos[111] nos casos em que não aparece nenhuma designação de generalidade na tautologia: escrevo, em vez de "p", "q", "r" etc., "VpF", "VqF", "VrF" etc. Expresso as combinações de verdade por meio de chaves, por exemplo:

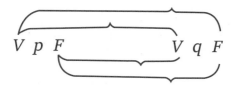

E [expresso] a atribuição da verdade ou da falsidade da proposição inteira e das combinações de verdade dos argumentos de verdade por linhas da seguinte maneira:

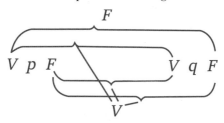

Esse signo representaria, então, a proposição p⊃q, por exemplo. Ora, se quero,

---

111. No original alemão, *anschaulichen* [q.T.].

por exemplo, em seguida investigar se a proposição ~(p.~p) (princípio de contradição) é uma tautologia. A forma "~ξ" será escrita em nossa notação

A forma "ξ.η", então:

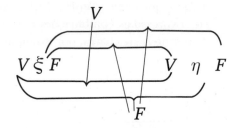

Portanto, a proposição ~(p.~q) segue como:

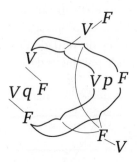

Se utilizarmos aqui, em vez de "q", "p" e investigarmos a ligação do V e do F mais externos com os mais internos, então resulta que a verdade da proposição inteira está associada a *todas* as combinações de

verdade de seu argumento, e sua falsidade, a *nenhuma* das combinações de verdade.

6.121 As proposições da lógica demonstram as propriedades lógicas das proposições, ao mesmo tempo em que as associam a proposições que não dizem nada.

Poder-se-ia chamar esse método, também, de um método zero[112]. Na proposição lógica, proposições são equilibradas entre si, e o estado de equilíbrio, então, indica como essas proposições devem ser constituídas logicamente.

6.122 Disso, resulta que também conseguimos nos virar sem as proposições lógicas, uma vez que podemos, em uma notação correspondente, reconhecer as propriedades formais das proposições pela mera visão dessas proposições.

6.1221 Se duas proposições, por exemplo, "p" e "q", na associação "p⊃q" resultam em uma tautologia, então é claro que q segue de p.

O fato de que, por exemplo, "q" segue de "p⊃q.p" é aprendido por nós a partir dessas próprias duas proposições, mas também podemos indicar *isso* ao ligarmos elas como "p⊃q.p:⊃:q" e, agora, indicar que isso é uma tautologia.

6.1222 Isso lança uma luz sobre a questão acerca de por que as proposições lógicas não podem ser verificadas pela experiência, tampouco elas podem ser refutadas pela

---

112. No original alemão, *Nullmethode* [N.T.].

experiência. Não só deve uma proposição da lógica não poder ser refutável mediante experiência possível nenhuma, mas também não é permitido a ela poder ser verificada por qualquer uma.

6.1222 Agora, torna-se claro por que frequentemente se sente como se as "verdades lógicas" fossem *postuladas* por nós: certamente podemos postulá-las, como se pudéssemos postular uma notação satisfatória.

6.1223 Agora, também se torna claro por que a lógica é chamada a teoria das formas e das inferências.

6.124 É claro: as leis lógicas não deveriam, elas próprias, ser subordinadas a outras leis lógicas.

(Não há, como Russell acreditava, uma lei própria de contradição para cada "tipo"[113], mas uma basta, uma vez que ela não é aplicada a ela própria.)

6.1231 A indicação da proposição lógica não é a validade geral[114].

Ser geral significa apenas: valer acidentalmente para todas as coisas.

Uma proposição não generalizada pode ser tão tautológica quanto uma generalizada.

6.1232 Poder-se-ia chamar a validade geral lógica essencial, em oposição àquela acidental, por exemplo, da proposição "todos

---

113. Em inglês, no original: *Type* [N.T.].

114. No original alemão: *Allgemeingültigkeit* [N.T.].

os homens são mortais". Proposições como o "axioma de redutibilidade"[115] de Russell não são proposições lógicas, e isso explica nosso sentimento: que elas, se verdadeiras, só poderiam ser verdadeiras devido a um acidente favorável.

6.1233 Pode-se pensar um mundo no qual o axioma da redutibilidade não vale. Porém, é claro que a lógica não tem relação nenhuma com a questão sobre se nosso mundo realmente é assim ou não.

6.124 As proposições lógicas descrevem o arcabouço do mundo ou, antes, elas o apresentam. Elas não "tratam" de nada. Elas pressupõem que nomes possuem significado e proposições elementares possuem sentido: e essa é sua ligação com o mundo. É claro que isso deve mostrar algo sobre o mundo, o fato de que certas associações de símbolos – que, essencialmente, possuem um caráter determinado – são tautologias. Nisso reside o fator decisivo. Dissemos que muitos dos símbolos que usamos eram arbitrários, outros não. Na lógica, apenas se expressam esses; porém, isso significa que na lógica *nós* não expressamos o que queremos com ajuda dos signos, mas que, na lógica, a natureza dos próprios signos inevitáveis se afirma. Se quisermos conhecer a sintaxe lógica de

---

115. Em inglês, no original: *Axiom of reducibility* [N.T.].

qualquer linguagem designativa, então todas as proposições da lógica já estão dadas.

6.125 É possível – e, vale dizer, também de acordo com a antiga concepção da lógica – fornecer, de início, uma descrição de todas as "verdadeiras" proposições lógicas.

6.1251 Por isso, na lógica também *nunca* pode haver surpresas.

6.126 Pode-se calcular se uma proposição pertence à lógica quando se calculam as propriedades lógicas do *símbolo*.

E fazemos isso quando "recusamos" uma proposição lógica. Afinal, sem nos preocuparmos com um sentido e com um significado, formamos a proposição lógica a partir de outras, segundo meras *regras designativas*.

A prova das proposições lógicas consiste no fato de que as fazemos surgir a partir de outras proposições lógicas por meio de sucessiva aplicação de certas operações, que geram, a partir da primeira, repetidamente tautologias. (E, certamente, a partir de uma tautologia, *seguem* apenas tautologias.)

Naturalmente, esse modo de mostrar que suas proposições são tautologias é inteiramente não essencial à lógica.

6.1261 Na lógica, processo e resultado são equivalentes. (Por isso, surpresa nenhuma.)

6.1262 A prova na lógica é apenas um recurso mecânico para o reconhecer mais fácil da tautologia, onde ela é complicada.

6.1263 De fato, seria muito notável caso se pudesse demonstrar *logicamente* uma proposição dotada de sentido a partir de outra e, *também*, uma proposição lógica. Desde o início, está claro que a prova lógica de uma proposição significativa e a proposição *na* lógica devem ser duas coisas totalmente distintas.

6.1264 A proposição significativa afirma algo, e sua prova indica que assim o é; na lógica toda proposição é a forma de uma prova.

Toda proposição da lógica é um *modus ponens* apresentado em signos. (E não se pode expressar o *modus ponens* mediante uma proposição.)

6.1265 Sempre se pode compreender a lógica de modo que toda proposição é sua própria prova.

6.127 Todas as proposições da lógica têm direitos iguais, entre elas não há leis essencialmente fundamentais nem leis derivadas.

Toda tautologia mesma indica que ela é uma tautologia.

6.1271 É claro que a quantidade de "leis fundamentais da lógica" é arbitrária, pois se poderia derivar a lógica a partir de uma lei fundamental, enquanto simplesmente se forma o produto lógico a partir, por exemplo, das leis fundamentais de Frege.

(Frege talvez diria que essa lei fundamental, agora, não seria mais imediatamente evidente. Porém, é digno de nota que um pensador tão exato quanto Frege tenha invocado o grau de evidência como critério da proposição lógica.)

6.13 A lógica não é nenhuma teoria, mas um reflexo do mundo.

A lógica é transcendental.

6.2 A matemática é um método lógico.

As proposições da matemática são equações, portanto, proposições aparentes.

6.21 A proposição da matemática não expressa pensamento nenhum.

6.211 Na vida, a proposição matemática nunca é o que precisamos, mas utilizamos a proposição matemática *apenas* para inferir, a partir de proposições que não pertencem à matemática, outras que, do mesmo modo, não pertencem à matemática.

(Na filosofia, a pergunta "para que realmente precisamos dessa palavra, dessa proposição[?]" repetidamente conduz a conclusões preciosas.)

6.22 A matemática mostra, nas equações, a lógica do mundo que as proposições da lógica mostram nas tautologias.

6.23 Se duas expressões estão ligadas pelos signos de igualdade, então isso significa que elas são substituíveis uma pela outra. Porém, se esse é o caso, [é algo que] deve ser indicado nas próprias duas expressões.

É característico da forma lógica de duas expressões que elas possam ser substituíveis uma pela outra.

6.231 É uma propriedade da afirmação que se pode concebê-la como uma dupla negação.

É uma propriedade de "1+1+1+1" o fato de que se pode apreendê-lo como "(1+1)+(1+1)".

6.232 Frege diz que as duas expressões possuem a mesma referência[116], mas diferente sentido[117].

O essencial na equação, porém, é o fato de que ela não é necessária para indicar que as duas expressões que o sinal de igualdade indica possuem a mesma referência, uma vez que isso pode ser aprendido a partir das próprias expressões.

6.2321 E o fato de que as proposições da matemática possam ser demonstradas não significa nada além de que sua exatidão é verificada sem que aquilo expresso por ela deva ser comparado com os fatos no que tange à exatidão.

6.2322 A identidade do significado de duas expressões não pode ser *afirmada*, pois, para poder afirmar algo a respeito do significado delas, devo saber o significado delas; e, enquanto sei o significado

---

116. No original alemão, *Bedeutung*. [N.T.].

117. No original alemão, *Sinn*. No caso dessa proposição específica, por se estar falando diretamente de Frege, optamos por usar os termos mais comuns nas traduções e nos estudos de Frege no país [N.T.].

delas, sei se ela significa o mesmo ou algo diferente.

6.2323 A equação designa apenas o ponto de vista do qual considero as duas expressões, isto é, o ponto de vista de sua sinonímia.

6.233 À pergunta ["]precisa-se da intuição para a solução de problemas matemáticos["?], deve-se responder que, aqui, precisamente a linguagem fornece a intuição necessária.

6.2331 O processo do *calcular* medeia precisamente essa intuição.

O cálculo não é nenhum experimento.

6.234 A matemática é um método da lógica.

6.2341 O essencial do método matemático é trabalhar com equações. Certamente, o fato de que toda proposição da matemática deve ser compreendida por si própria se baseia nesse método.

6.24 O método pelo qual a matemática chega a suas equações é o método de substituição.

Afinal, as equações expressam a substituibilidade de duas expressões e progredimos de uma quantidade de equações a novas equações, enquanto nós, de acordo com as equações, substituímos as expressões de uma por outras.

6.241 Assim se lê a demonstração da proposição $2x2 = 4$:

$$(\Omega^\nu)^{\mu'}x = \Omega^{\nu\times\mu'}\,x\ \text{Def.}$$

$$\Omega^{2\times2'}x = (\Omega^2)^{2'}x = (\Omega^2)^{1+1'}x = \Omega^{2'}\Omega^{2'}x$$

$$= \Omega^{1+1'}\Omega^{1+1'}x = (\Omega'\ \Omega)'\,(\Omega'\ \Omega)'x$$

$$= \Omega'\ \Omega'\ \Omega'\ \Omega'x = \Omega^{1+1+1+1'}x = \Omega^{4'}x$$

6.3   A investigação da lógica significa a investigação *de toda conformidade à lei*. E, fora da lógica, tudo é acaso.

6.31   A chamada lei da indução, de todo modo, não pode ser chamada lei lógica, pois evidentemente ela é uma proposição significativa. E, por esse motivo, ela não pode ser uma lei *a priori*.

6.32   A lei da causalidade não é lei nenhuma, mas a forma de uma lei.

6.321   "Lei da causalidade" é um termo genérico. E, como na mecânica, dizemos, existem leis de mínimo – a do menor efeito, por exemplo –, então, na física há leis de causalidade, leis da forma de causalidade.

6.3211   Já se teve uma ideia do fato de que deve haver *uma* "lei do menor efeito", antes que se devesse saber precisamente como ela seria. (Aqui, como sempre, o que é certo *a priori* é assinalado como algo puramente lógico.)

6.33   Não *acreditamos a priori* em uma lei de conservação, mas *sabemos*, *a priori*, da possibilidade de uma forma lógica.

6.34   Todas aquelas proposições como o princípio de razão suficiente, da continuidade na natureza, do menor dispêndio na natureza etc. etc., todas essas são compreensões *a priori* sobre a possível formação das proposições da ciência.

6.341   A mecânica newtoniana, por exemplo, confere a descrição do mundo a uma forma unitária. Pensemos em uma superfície branca, na qual estejam pontos pretos irregulares. Agora, dizemos: posso sempre me aproximar arbitrariamente da descrição de qualquer imagem que surja como resultado disso, enquanto cubro a superfície com uma rede quadrada fina correspondente e digo, agora, sobre cada quadrado, que ele é branco ou preto. Dessa maneira, dou uma forma unitária à descrição da superfície. Essa forma é arbitrária, pois eu poderia ter usado, com o mesmo sucesso, uma rede de malhas triangulares ou hexagonais. Pode ser que a descrição com ajuda de uma rede triangular teria sido mais fácil; isto é, que poderíamos ter descrito mais precisamente a superfície com uma rede triangular mais grossa do que com uma mais fina quadrada (ou o contrário) e assim por diante. Diferentes sistemas de descrição do mundo correspondem às diferentes redes. A mecânica determina uma forma de descrição de mundo ao dizer: [“]Todas as proposições na descrição do mundo devem ser obtidas de uma dada maneira a partir de uma quantidade de dadas proposições – os axiomas mecânicos[”]. Desse modo, ela fornece a pedra angular para a construção do edifício científico e afirma: [“]Qualquer edifício que quiseres apresentar deves montá-lo, em qualquer lugar, com esta, e apenas com esta, pedra angular”.

(Assim como, com o sistema numérico, deve-se poder anotar qualquer número arbitrário, então, com o sistema da mecânica, deve-se poder anotar qualquer proposição arbitrária da física.)

6.342 E, agora, vemos a posição recíproca da lógica e da mecânica. (Poder-se-ia, também, manter a rede de figuras heterogêneas como a partir de triângulos e de hexágonos.) O fato de que uma figura como a há pouco mencionada pode ser descrita mediante uma rede de dada forma não afirma *nada* sobre a figura. (Pois isso vale para toda figura desse tipo.) *Isto*, porém, caracteriza a imagem: o fato de que ela pode ser descrita *completamente* por uma determinada rede de *determinada* finura.

Então também o fato de que o mundo pode ser descrito pela mecânica newtoniana não diz nada sobre ele; todavia, [diz algo] o fato de que ele possa ser assim descrito por ela, como é precisamente esse o caso. Também isto afirma algo acerca do mundo: o fato de que ele pode ser descrito por uma mecânica de maneira mais simples do que por outra.

6.343 A mecânica é uma tentativa de construir, segundo um plano, todas as proposições *verdadeiras* de que precisamos para a descrição do mundo.

6.3431 Passando por todo o aparato lógico, as leis físicas falam, contudo, dos objetos do mundo.

6.3432 Não nos é permitido esquecer que a descrição do mundo pela mecânica é sempre bastante geral. Nela, por exemplo, nunca se fala de *determinados* pontos materiais, mas sempre apenas de [pontos] *quaisquer*.

6.35 Embora as manchas em nossa imagem sejam figuras geométricas, então a geometria, evidentemente, não pode dizer nada sobre sua forma e posição factuais. A rede, porém, é *puramente* geométrica, todas as suas propriedades podem ser dadas *a priori*.

Leis como o princípio de razão suficiente etc. lidam com a rede, não com aquilo que a rede descreve.

6.36 Se houvesse uma lei de causalidade, então ela poderia ser lida assim: "Existem leis da natureza".

Porém, certamente não se poderia dizer que ela se indica.

6.361 No modo de expressão de Hertz, poder-se-ia dizer: "Apenas nexos *conformes à lei* são *pensáveis*".

6.3611 Não poderíamos comparar nenhum processo com o "decurso do tempo" – isso não existe –, mas apenas com outro processo (algo como a contagem do cronômetro).

Por isso, a descrição do transcurso temporal é possível apenas pelo fato de que nos apoiamos em outro processo.

Algo totalmente análogo vale para o espaço. Quando se diz, por exemplo, que não poderia ocorrer nenhum dos dois eventos (que se excluem reciprocamente) porque não existe *nenhum motivo* pelo qual um deveria surgir anteriormente ao outro, uma vez que, na realidade, trata-se de não se poder descrever *um* dos dois eventos quando nenhuma assimetria está presente. *Se* tal assimetria está presente, então poderíamos concebê-la como *causa* do acontecimento de um e não acontecimento de outro.

6.36111 O problema kantiano da mão direita e esquerda, que não conseguem cobrir uma à outra, já existe no plano, mesmo em um espaço unidimensional, onde as duas figuras congruentes a e b também não conseguem cobrir uma à outra sem serem movidas para fora desse espaço.

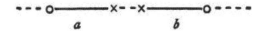

A mão direita e a esquerda são, na verdade, completamente congruentes. E o fato de que uma não consegue cobrir a outra não tem relação nenhuma com isso.

Poder-se-ia colocar a luva direita na mão esquerda, se ela pudesse ser revirada[118] em um espaço quadrimensional.

---

118. No original alemão, *umdrehen*. O termo também pode significar "tornar", "virar", "inverter", entre outros [N.T.].

6.362 O que pode ser descrito também pode ocorrer, e o que deve ser excluído pela lei de causalidade também não pode ser descrito.

6.363 O processo de indução consiste no fato de que aceitamos a lei *mais simples* que podemos harmonizar[119] com nossas experiências.

6.3631 Esse processo, porém, não possui fundamentação lógica alguma, mas apenas uma fundamentação psicológica.

É claro que não é dado nenhum motivo para acreditar que, agora, também ocorrerá realmente o caso mais simples.

6.36311 O fato de que o Sol amanhã nascerá é uma hipótese; e isso significa: não *sabemos* se ele nascerá.

6.37 Não existe uma necessitação[120] para que algo deva ocorrer, enquanto outra coisa poderia ter acontecido. Existe apenas uma necessidade *lógica*.

6.371 A ilusão de que as chamadas leis da natureza são explicações dos fenômenos naturais é subjacente a toda a visão de mundo[121] moderna.

---

119. No original alemão, expressão idiomática: *in Einklang zu bringen* [N.T.].

120. No original alemão, *Zwang*. O termo tem muitos sentidos, mas, dado o contexto da discussão, trata-se de necessidade em oposição ao acaso. "Necessitação" é, justamente, uma tradução possível do termo *Zwang*, a que mais combina com a expressão *Notwendigkeit*, "necessidade", usada ao final da proposição. Em contextos éticos e jurídicos, o termo significa "coerção", "coação"; em contextos psicológicos, "compulsão", como na neurose compulsivo-obsessiva de Freud (*Zwangsneurose*) [N.T.].

121. No original alemão, *Weltanschauung*. O termo também pode ser traduzido por "cosmovisão", "ideologia", "paradigma" ou até mesmo "filosofia de vida" [N.T.].

6.372 Então elas estão, diante das leis da natureza, como diante de algo intocável, como os antigos diante de Deus e do Destino.

E eles estão tão certos quanto errados. Os antigos, de todo modo, são mais claros, na medida em que eles reconhecem uma clara limitação[122], enquanto, no novo sistema, deve parecer que *tudo* está explicado.

6.373 O mundo é independente de minha vontade.

6.374 Ainda que tudo o que desejamos ocorresse, então isso seria apenas, por assim dizer, uma graça do Destino, pois não há nexo *lógico* entre vontade e mundo que garanta isso, e não podemos querer novamente o próprio nexo físico aceito.

6.375 Como existe apenas uma necessidade *lógica*, então, também, há apenas uma impossibilidade *lógica*.

6.3751 O fato de que, por exemplo, duas cores estão ao mesmo tempo em um lugar do campo visual é impossível e, de fato, logicamente impossível, pois ele é excluído pela estrutura lógica da cor.

Pensemos como essa contradição se apresenta na física: aproximadamente pelo fato de que uma partícula não pode ter, ao mesmo tempo, duas velocidades; isso significa que não pode estar ao mesmo tempo em duas posições; isso

---

122. No original alemão, *Abschluss*. A palavra também significa "fim", "término", "conclusão", "fechamento" [N.T.].

significa que partículas em posições diferentes não podem ser, ao mesmo tempo, idênticas.

(É claro que o produto lógico de duas proposições elementares não pode ser nem uma tautologia nem uma contradição. A afirmação segundo a qual um ponto do campo visual possui, concomitantemente, duas cores diferentes é uma contradição.)

6.4 Todas as proposições são equivalentes.

6.41 O sentido do mundo, portanto, deve estar fora dele. No mundo, tudo é como é, e tudo ocorre da maneira que ocorre; *nele* não existe valor algum – e, se nele houvesse, então ele não teria valor algum.

Se existe um valor que possui valor, então ele deve estar fora de todo acontecimento e de todo ser-assim[123], pois todo acontecimento e todo ser-assim é acidental.

O que torna não acidental não pode estar no mundo, pois, caso contrário, isso seria, novamente, acidental.

Isso deve estar fora do mundo.

6.42 Por esse motivo, não pode haver proposição nenhuma na ética[124].

---

123. No original alemão, *So-Sein*. O termo pode significar "essência", "quididade". Ogden traduz por *being-so* [N.T.].

124. Sobre o papel crucial da ética no *Tractatus* e a dimensão "existencial" da obra, cf. Janik e Toulmin (1973, p. 23-26; 176-201).

Proposições não podem expressar nada superior.

6.421 É claro o fato de que não se pode pronunciar nada sobre a ética.

A ética é transcendental.

(Ética e estética são uma.)

6.422 O primeiro pensamento no estabelecimento de uma lei ética da forma "tu deves..." é: e, aí, se não o faço? Todavia, é claro que a ética não diz respeito a punição e recompensa no sentido ordinário. Logo, essa pergunta pelas *consequências* de uma ação deve ser insignificante. – Ao menos, essas consequências não devem ser acontecimentos, pois algo ainda deve estar correto nessa formulação da questão. Certamente, deve haver algum tipo de recompensa e de punição ética, mas essas devem se situar na própria ação.

(E isso também é claro: o fato de que a recompensa deve ser algo agradável, e, a punição, algo desagradável.)

6.423 Sobre a vontade como a portadora do ético, nada pode ser dito.

E a vontade como fenômeno interessa apenas à psicologia.

6.43 Se o bem ou o malquerer mudam o mundo, então só podem mudar os limites do mundo, não os fatos; não aquilo que pode ser expresso pela linguagem.

Em suma, o mundo deve, então, com isso se tornar outro. Ele deve, por assim dizer, reduzir ou aumentar como um todo.

O mundo do afortunado é outro que o do desventurado.

6.431 Como, também na morte, o mundo não se modifica, mas cessa.

6.4311 A morte não é nenhum evento da vida. Não se vivencia a morte.

Se se compreende por eternidade não duração temporal infinita, mas sim não temporalidade[125], então vive o eterno quem vive no presente.

Nossa vida é tão infinita quanto nosso campo visual é ilimitado.

6.4312 A imortalidade temporal da alma do ser humano – isso significa, então, sua eterna existência continuada também após a morte – não é garantida de modo algum, mas sobretudo essa suposição não consegue simplesmente nada do que se quer alcançar com ela. Algum mistério se resolve com o fato de que eu continue a viver para sempre? Essa vida eterna, então, não é precisamente tão misteriosa quanto a presente? A solução para o mistério da vida no espaço e do tempo está *fora* do espaço e do tempo. (Não são problemas que cabem às ciências naturais resolver.)

---

125. No original alemão, *Unzeitlichkeit* [N.T.].

6.432	*Como* o mundo é, é por completo indiferente para o supremo. Deus não se revela *no* mundo.
6.4321	Todos os fatos pertencem apenas à tarefa, não à solução.
6.44	O místico[126] não é *como* o mundo é, mas *o fato de que* ele é.
6.45	A intuição do mundo *sub specie aeterni*[127] é sua intuição como *todo* – delimitado. O sentimento do mundo como todo delimitado é o místico[128].
6.5	Quanto a uma resposta que não se consegue proferir, também não se pode pronunciar uma pergunta. O *mistério* não existe. Quando se chega a fazer uma pergunta, então ela também *pode* ser respondida.
6.51	O ceticismo *não* é irrefutável, mas frequentemente sem sentido, se ele quer duvidar onde nada pode ser perguntado. Afinal, a dúvida só pode existir onde há uma pergunta; uma pergunta, apenas onde existe uma resposta, e, esta, apenas onde algo em *geral* pode ser *dito*.

---

126. No original alemão, não como adjetivo, mas como substantivo, *das Mystiche* [N.T.].

127. Expressão em latim, no original. De acordo com Kienzler (2022, p. 104), significa "na perspectiva da eternidade", ou seja, o absoluto visto da perspectiva de Deus. A expressão remete a Spinoza [N.T.].

128. No original alemão, como adjetivo, *mystiche*. [N.T.].

6.52 Sentimos que, mesmo que todas as perguntas científicas *possíveis* fossem respondidas, nossos problemas da vida sequer teriam sido tocados. Certamente, então, agora não há mais questão nenhuma; e precisamente essa é a resposta.

6.521 A solução do problema da vida é percebida no desaparecimento desses problemas.

(Não é esse o motivo por que homens aos quais, após longa dúvida, o sentido da vida se tornou claro não conseguiram dizer, então, em que consistia esse sentido[?].)

6.522 De fato, existe o impronunciável. Isso se *designa*, isso é o místico[129].

6.53 O método correto da filosofia seria propriamente este: nada dizer além do que pode ser dito, portanto, proposições da ciência natural – logo, algo que nada tem que ver com a filosofia –, e, então, sempre que outro quiser dizer algo metafísico, mostrar-lhe que ele não deu sentido nenhum a certos signos em suas proposições.

Esse método seria, para outro, insatisfatório – ele não teria o sentimento de que lhe ensinaram filosofia –, mas ele seria o único rigorosamente correto.

6.54 Minhas proposições elucidam desta forma: pelo fato de que elas no fim são

---

129. No original alemão, novamente como substantivo, *das Mystische*. [N.T.].

reconhecidas como sem sentido por aquele que me compreende, caso ele tenha subido por meio delas – acima delas. (Ele deve, por assim dizer, descartar a escada, após ele ter subido nela[130].)

Ele deve superar essas proposições, então ele verá o mundo corretamente.

7   A respeito daquilo sobre o que não se pode falar, deve-se calar.

---

130. Segundo Grayling (1996, p. 38), a imagem da escada "descartável" remete a Schopenhauer, um autor conhecido por Wittgenstein [N.T.].

Referências

GRAYLING, A. C. *Wittgenstein*: a very short introduction. Nova York: Oxford University Press, 1996.

JANIK, A.; TOULMIN, S. *Wittgenstein's Vienna*. Nova York: Simon and Schuster, 1973.

KIENZLER, W. "Zu dieser Ausgabe". *In*: WITTGENSTEIN, L. *Logische-Philosophische Abhandlung*: Tractatus Logico-Philosophicus. Leseausgabe. Ed. Wolfgang Kienzler. Ditzingen: Reclam, 2022, p. 103-104.

PINTO, P. R. M. *Iniciação ao silêncio*: análise do Tractatus de Wittgenstein. São Paulo: Loyola, 1998.

RUSSELL, B. Introduction. *In*: WITTGENSTEIN, L. *Tractatus Logico-Philosophicus*. Londres; Nova York: Kegan Paul; Harcourt, Brace, 1922.

WITTGENSTEIN, L. *Logische-Philosophische Abhandlung*: Tractatus Logico-Philosophicus. Leseausgabe. Ed. Wolfgang Kienzler. Ditzingen: Reclam, 2022.

WITTGENSTEIN, L. *Tractatus Logico-Philosophicus*. Trad. de C. K. Ogden. Londres; Nova York: Kegan Paul; Harcourt, Brace, 1922.

WITTGENSTEIN, L. *Tractatus Logico-Philosophicus*. Trad. e apresentação L. H. L. dos Santos. 3ª ed, 5ª reimpr. São Paulo: Editora da Universidade de São Paulo, 2022.

Veja outros livros do selo *Vozes de Bolso* pelo site

livrariavozes.com.br/colecoes/vozes-de-bolso

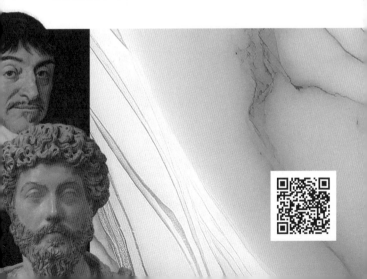

Conecte-se conosco:

f facebook.com/editoravozes

◎ @editoravozes

𝕏 @editora_vozes

▶ youtube.com/editoravozes

🕾 +55 24 2233-9033

www.vozes.com.br

Conheça nossas lojas:

www.livrariavozes.com.br

Belo Horizonte – Brasília – Campinas – Cuiabá – Curitiba
Fortaleza – Juiz de Fora – Petrópolis – Recife – São Paulo

EDITORA VOZES LTDA.
Rua Frei Luís, 100 – Centro – Cep 25689-900 – Petrópolis, RJ
Tel.: (24) 2233-9000 – E-mail: vendas@vozes.com.br